TRIJODIAS, CHUNGODRAMAS Y COMIDIOTAS

Microteatro para mentes inquietas

Trijodias, chungodramas y comidiotas
© Euloxio Fernández
© Esstudio Ediciones (Editfuss, S.L.)
c/Arroyo de Pozuelo, 109 • 28023 Madrid
© Ilustración de portada: Xio Seixas

Diseño editorial: Esstudio Ediciones
Primera edición: octubre, 2025
ISBN: 979-13-87638-20-7
Depósito Legal: M-13970-2025
Maquetación y preimpresión: Esstudio Ediciones
Imprime: DSIG, S.L.

El papel utilizado para la impresión de este libro no daña el medioambiente, por lo que está considerado como papel ecológico.

EULOXIO FERNÁNDEZ

• • • •

TRIJODIAS, CHUNGODRAMAS Y COMIDIOTAS

Microteatro para mentes inquietas

teatro

esstudio
ediciones

Prólogo a modo de entrevista

Un título diferente, ¿por qué?

Jugar con las palabras, incluso inventarlas, es algo que va unido al oficio de escritor y que aparte del divertimento puede generar nuevos contenidos. La Trijodia, por ejemplo, es en sí misma un pequeño género teatral ya que con escribir una pieza breve, con tres personajes que mueren trágica y jodidamente, cualquiera podría crear una Trijodia.

Las tres palabras son tan peculiares que me parecieron un buen título.

¿Cuál es el grado de dificultad al escribir teatro breve?

Economía, síntesis, personajes directos, planteamiento, nudo, desenlace y lo más difícil, un buen final.

¿Qué es para usted el teatro?

Una propuesta de realidad en la que el trabajo en equipo es la pieza clave.

Especifique 'propuesta de realidad'.

Imagínese un conflicto en el bosque entre ciervos y conejos. Obviamente vamos a trabajar con personas, pero si conseguimos que el público diga -Qué malo era el conejo- o -Qué razón tenía el ciervo- podemos concretar que la propuesta ha funcionado, la persona ha desaparecido y el personaje ha cobrado vida. Claro que esto tiene un problema.

¿Cuál?

Que el actor tenga la capacidad de desprenderse del personaje una vez acabada la función y no vuelva a su casa creyéndose todavía conejo; esto podría suponer un serio trauma para su familia.

¿Dedica mucho tiempo a escribir?

La escritura no es una cuestión de tiempo, es un asunto de vida: la idea, la frase, incluso la construcción de una pieza puede asaltarte en cualquier momento; antes solía llevar siempre una libretilla para notas, ahora el móvil es el depositario de casi todas mis ocurrencias.

Pues muchas gracias. No se me ocurre nada más que preguntarle.

Pregúntame por qué escribo y te diré dónde he nacido.

¿Por qué escribe?

En Lugo.

Y si le pregunto por su edad, ¿qué me diría?

Que ya la sabes.

Si la supiese no sería necesario preguntarle.

Vamos a ver, vamos a ver... Si en realidad no haría falta que me preguntases nada, ¿no ves que eres yo mismo entrevistándome a mí mismo? Lo que pasa es que como te has empeñado en tratarme de usted has acabado por creerte el personaje.

Oiga, yo no soy ningún personaje. A mí no me insulte.

Se te está yendo la pinza.

Pues mire, ya se me va de todo. Ahí se queda usted con sus locuras. Me las piro. ¡Dramaturgos...! ¡Puah!

Qué les decía de creerse el personaje...

TRIJODIAS

CARAMELOS GLUCK

Personajes
Alberto. El marido
Carmen. La mujer de Alberto
Carlos. Hermano de Alberto

Alberto se frota el estómago a causa de un cierto dolor. Busca algo sin encontrarlo, mira por todas partes, finalmente mira en la papelera y ve tres botellas de agua mineral aplastadas.

Alberto.- ¡No!, ¡no!, ¡no!, no es posible. ¡Carmen! ¡Carmen!

Carmen.- (*Entrando. Saca una bolsa de caramelos y se lleva uno a la boca*) ¿Qué ocurre?

Alberto.- (*Lento. Enfadado*) ¿Por qué has tenido que tirar mis botellas vacías de agua mineral?

Carmen.- Porque estaban vacías.

Alberto.- ¿Cuántas veces tengo que decirte que no quiero que toquen mis cosas?

Carmen.- ¿Tus cosas? ¿Es que acaso llevan tu nombre? Además, ¿para qué quieres esa mierda?

Alberto.- Esa mierda, estaba reservada para diseñar un sistema de riego para las plantas, y así no tener que dejar la llave a la cotilla de tu hermana cada vez que nos vamos de vacaciones.

Carmen.- Pues mi hermana será todo lo cotilla que quieras, pero no se dedica a andar robando mi ropa interior.

Alberto.- ¡Qué dices!

Carmen.- Lo que has oído.

Alberto.- ¿Pero quién va a robarte tu ropa interior?

Carmen.- (*Lanzándose sobre él e intentando descamisarle*) A ver, déjame ver qué llevas puesto.

Alberto.- ¡Quita! ¡Será posible! ¿Qué piensas?, ¿que soy un maldito travesti? ¡Estás loca!

Carmen.- Pues si no eres tú, ya me dirás quién es, porque me faltan varias prendas, las mejores y, loca no estoy. ¡Ay! (*Se sienta*) Creo que tengo cistitis.

Alberto se queda quieto un momento, pensativo. Carmen también.

Alberto.- Un momento. (*Gritando*) ¡Carlos!

Carlos.- (*Off*) Sí.

Alberto.- Carlos, ¿puedes venir un momento?

Carlos.- Voy.

Entra Carlos.

Alberto.- Ven, siéntate. Quiero hacerte unas preguntas.

Carlos.- (*Melancólico*) Vale.

Alberto.- Carlos, perdiste tu trabajo, ¿verdad?

Carlos.- Sí.

Alberto.- Perdiste tu novia.

Carlos.- Carolina, sí. ¿Con quién estará ahora?

Alberto.- Perdiste tu piso.

Carlos.- Sí.

Alberto.- Perdiste tu coche.

Carlos.- Mi cuatro por cuatro, con lo que me gustaba… sí.

Alberto.- Y ahora veo claramente que quieres perder a tu hermano, ¿no?

Carlos.- ¿Cómo?

Alberto.- Al único que te ha tendido una mano para evitar que acabases hundiéndote del todo.

Carlos.- ¿Por?

Alberto.- ¿Por…? ¿Por…? ¿Por…? ¡Porque eres tú quien se está poniendo la ropa interior de Carmen! ¿Verdad? ¡Confiesa!

Carlos.- (*Tras mirar a su hermano y a Carmen*) Es que… Es… Es que es lo único que me consuela. (*Solloza a la par que se va quitando el sujetador*) ¡Pero ya no importa!

Alberto.- ¿Cómo que ya no importa?

Carlos.- ¡No importa!

Alberto.- ¿Por qué no importa?, ¿qué has hecho esta vez?

Carlos.- Acabo de tragarme todo el frasco de pastillas.

Alberto.- (*Complacido*) ¡Mira qué cara de susto se me pone!

Carmen.- ¡Alberto!

Alberto.- Bueno, tranquilo, no va a pasar nada, sabía que acabarías haciendo esa tontería un día u otro, así que las cambié por unas de esas de los niños, de las de caramelo.

Carlos.- (*Quejándose del estómago*) Ya, me di cuenta, estaban dulces, por eso he cogido las tuyas.

Alberto.- ¿Las mías? ¡Pero, pero…! ¡Estás loco! Rápido, hay que llamar a una ambulancia. Que te hagan un lavado de estómago a toda velocidad.

Carmen.- (*Levantándose quejosa*) Tranquilos, es solo sicológico, tus pastillas son también caramelos. Yo también sospechaba que acabaría haciendo algo nefasto tarde o temprano así que cambié tus pastillas.

Alberto.- ¡De eso nada, me he tomado tres hace un rato y son las de siempre!

Carmen.- (*Sacando una bolsa de caramelos Gluck*) Parecen las de siempre si te las tragas sin más, pero si las disuelves en la boca estallan como los *petazetas* de los niños, sólo que algo más picantes (*le da una*) Toma, prueba y convéncete, y tú también. (*Le da otra a Carlos, a cambio Carlos le devuelve el sujetador*)

Carmen.- Puedes quedártelo, lo has deformado completamente. (*A Alberto*) ¿A que están buenos? (*Se toma uno ella también*)

Alberto.- ¡Uf! ¡Tienes razón! ¡Cómo pican!

Carmen.- ¿Qué te dije?

Carlos.- ¡Entonces no voy a morirme!

Alberto y Carmen.- ¡No!

Carlos.- (*Sollozante*) ¡Dios!, ¿qué voy a hacer?

Alberto.- Lo primero, tranquilizarte. Lo segundo, ver un rato la tele con nosotros, y descansar, sobre todo descansar. Date un poco de tiempo, ya verás como todo se soluciona, las cosas cambian solas. Venga, tranquilízate. Carmen, pon la tele, a ver qué hay.

Carmen.- Ponla tú que tienes el mando más cerca.

Alberto enciende la tele, los tres se sientan a verla, suena música de informativo.

Off.- Buenas tardes, la Dirección General de Salud Pública DGSP (*leer dejesepe*) ha emitido un comunicado según el cual, acaba de retirar urgentemente del mercado la nueva marca de caramelos *Gluck*. Estos caramelos contienen una alta dosis de E3 C2Z, un aditivo completamente tóxico. Si usted ha consumido este producto y nota una fuerte punzada en el estómago. (*Todos se agarran el estómago doloridos*) Empieza a convulsionar. (*Todos convulsionan*) Y nota que le empieza a faltar el aire. (*Todos se asfixian*) Llame inmediatamente al 323334. (*Intentan llamar primero desde el teléfono fijo, peleándose por él, y luego desde el móvil de cada uno sin conseguirlo*)

Carlos.- Oiga...

Off.- Si acaba de notar una fuerte punzada marque 1. Si ha empezado a convulsionar marque 2. Si ya no puede respirar marque 3. Si usted está ya muerto cuelgue por favor, está bloqueando el servicio.

Carlos muere, al caer su mano el teléfono queda colgado.

Off.- Gracias.

Oscuro.

CICUTA POR COMPASIÓN

Personajes
Alicia
Julia
Consuelo

Tres ancianas hermanas merendando un té con pastas.

Alicia.- Hoy estoy molida de la espalda, ayer me dio por hacer garbanzos y al bajar la olla del estante, me dio un tirón que he pasado la noche sin saber cómo ponerme, y ahora me duele como si llevase un clavo atravesado.

Julia.- Eso no es nada, eso se pasa. Lo de mis piernas sí que es gordo, setenta y ocho años que tengo y me dicen que no puedo operarme.

Consuelo.- Mejor no hablar de lo malo, que todas tenemos dolores, aunque hoy un poco menos porque el doctor Martínez me ha proporcionado estos nuevos calmantes que quitan todos los dolores. Tomad, ya veréis. (*Saca un frasquito, les da una pastilla y lo deja sobre la mesa*)

Alicia.- ¿Te las habrá dado con receta?

Consuelo.- ¡Qué cosas tienes! Pues claro.

Alicia.- Son un poco grandes.

Julia.- Es verdad. Yo no creo que pueda tragarla.

Se la toma y Julia la sigue.

Julia.- Viejas, solas y doloridas. La vida a estas edades es un asco.

Alicia.- ¡Eh! No te pases que tienes tres hijos como tres soles.

Julia.- Sí, en sus casas y siempre tan ocupados que ni me llaman para saber cómo estoy. Al menos tú tienes a tu marido, no es ninguna joya, pero hace compañía.

Alicia.- Sí, tienes razón, lo mejor es tener una momia roncando a tu lado a todas horas, es muy edificante e inspirador, te empuja a vivir.

Julia.- (*A Consuelo*) ¿Ves?, al final vas a ser tú la afortunada, no tienes que aguantar a nadie y tampoco sientes que nadie te haya abandonado.

Consuelo.- ¡Basta! ¡No aguanto más! (*A Julia*) Tú has tenido un marido, una familia, y aunque ahora tus hijos te ignoren has vivido una vida. Mientras que yo ni siquiera pude tener perro porque a mamá le daba alergia. ¡Y en cuanto a ti! Puede que Carlos ahora sea una momia, pero bien guapo y atento que era, y además ¡era mi novio!, ¡el novio que me birlaste! Dos años conmigo y ni un beso y vas tú y te espatarras a la primera ocasión. ¡Guarra!

Alicia.- (*Intenta levantarse pero le duele*) ¡Mira, no me levanto porque no puedo!

Consuelo.- Reconoce que has vivido una vida que me pertenecía a mí. ¡Momia! Tú sí que eres una momia.

Alicia.- (*Coge una cucharilla de la mesa y la amenaza con ella*) No me obligues a hacer una tontería, que la hago.

Julia.- ¡Alicia, cálmate!

Consuelo.- *(Quitándole la cucharilla)* ¡Déjate de chiquilladas! Os quejáis de la vejez, pero, ¿qué vida me quedó a mí? Envejecer cuidando de mamá, eso fue lo que me dejasteis. Tú no tienes cargas, me decíais. Todavía recuerdo el increíble esfuerzo que hicisteis por disuadirme cuando quise apuntarme a una agencia matrimonial. No os convenía que pudiese irme de casa.

Alicia.- Bueno, bueno, no seas tan exagerada, ahora puedes hacerte un novio.

Consuelo.- ¡Ahora! 86 años y me voy a hacer un novio. ¡Cómo te atreves! ¡Dios! ¡Voy a refrescarme! ¡Me dais dolor de cabeza! (*Sale*)

Julia.- ¡Cómo anda!

Alicia.- Es por la cadera.

Julia.- Te has *pasao*.

Alicia coge la taza de Consuelo, toma el frasco de pastillas y tras echar un par en el té, las remueve.

Julia.- ¿Qué haces?

Alicia.- ¡No dice que le duele la cabeza! Si es bueno para nosotras, también lo es para ella. ¡Qué leche!

Vuelve Consuelo.

Consuelo.- Ya estoy mejor. Perdonad que me haya aca-
lorado, no tenía por qué.

Alicia.- Anda, tómate el té que se te está enfriando.

Consuelo.- (*Bebe su té*) ¿Qué tal van vuestros dolores?,
¿os hace efecto la pastilla?

Julia.- Pues ahora que lo dices, se me ha ido el dolor
de las piernas, aunque me está dando ardor de
estómago, ya sabía yo que el té no me iba a sentar
bien.

Alicia.- Yo también noto ardor de estómago, pero la
espalda ni la siento. No teníamos que haber dejado
reposar tanto tiempo el té.

Consuelo.- El ardor se pasa en un tris, en cuanto hayáis
muerto, desaparece por completo.

Alicia.- ¿Y por qué nos vamos a morir?

Consuelo.- Porque es el efecto secundario de haber tomado cicuta. (*Bebe otro trago de té*)

Las dos hermanas empiezan a retorcerse de dolor.

Consuelo.- ¡Ah! Deciros que hace más de 12 años que tengo un novio secreto. (*Susurrando*) No quería que me lo robase nadie. (*Vuelve a beber*)

Alicia muere.

Julia.- *(Moribunda)* Tú... tú... tú...

Consuelo.- (*Haciéndole burla*) ¡Tururú!

Julia muere.

Consuelo.- (*Brindando*) ¡A vuestra salud! Vaya, qué amargo está este té. Siempre igual con las malditas ofertas (*Se aprieta el estómago quejándose de dolor. Se muere*) ¡No entiendo, ah, no entiendo, pero si me he tomado el mío!, ¡oh, no entiendo... uf! ¡Asco de vida! (*Muere*)

Oscuro.

LA LETRA «R»

Personajes
Carlos. 45 años
Subjefe de dirección en empresa de suministro
de piezas para reparación de vehículos
Carolina. 39 años
Dependienta en grandes almacenes
Coral. 16 años. Estudiante

Carlos arrastra un mal lunes, que viene de un mal domingo, y de un mal sábado. El sábado tocó compra, y luego tuvo que ir a recoger a su hija a las dos de la mañana, «cumple de amiga», mentira con la que su padre ha tragado, sabiendo perfectamente que ha quedado con un chico. El domingo perdió la mañana durmiendo y la tarde se fue en una indeseada y pesada visita de la amiga de su mujer, Olga, y el marido de esta, Enrique, con el que nada tiene en común, aunque él piense que sí. Para cuando quiso ver su programa de televisión favorito se quedó profundamente dormido en el sofá y allí despertó la mañana del lunes, con ganas, con unas tremendas ganas, de un pequeño y mínimo pretexto con el que poder estallar en una bronca desproporcionada, pero no pudo discutir con nadie, madre e hija habían desaparecido ya de casa.

En el trabajo, los informes malditos que nunca aparecían y que iban a servirle de pretexto para liarla ese día, estaban encima de la mesa.

Fue a comer a ese bar donde nadie va porque siempre cae comida en mal estado, pero casualmente estaba todo estupendo y encima le invitaron a café.

En el taller le solucionaron el dichoso ruidito del coche en cinco minutos, con una sonrisa y sin pedirle ni un euro.

El regreso a casa y montársela a su mujer por la visita de ayer se convirtió en la última alternativa, pero se encontró un «Gracias por lo de ayer». Le pusieron las zapatillas y apenas se sentó, una cervecita fresquita caía en un vaso mientras escuchaba aquello de que la cena estaría en un momentito. Encendió la tele para ver las noticias, y pensó, que seguramente lo mejor para tener un día fantástico era enfadarse radicalmente con el mundo. Entonces ella lo dijo, y como si fuese magia se le brindó por fin la oportunidad de montarla:

Carolina.- (*Hablando por teléfono*) Sí, Olga. No. No, Olga, no, no tengo ningún interés en que vistas mal, pero si ibas a ir de estreno, estaría bien habérmelo dicho y yo también me habría puesto algo nuevo. No, no es igual, para mí no. (*Entra Carlos*) Te dejo que estoy con la cena y no quiero que se me queme. Hola cariño.

Carlos.-Hola. (*Le da un beso y se va a la cocina*)

Carolina.- (*Desde la cocina*) Avisa a la niña que la cena está lista.

Carlos.- (*Con muy baja voz*) Niña, la cena está lista. (*La niña no responde*)

Carolina.- ¿La has avisado?

Carlos.- (*Con voz un poco más alta*) Niña, a cenar.

Carolina.- (*Cantando*) ¡La cena está en el plato!

Carlos.- (*Con voz normal*) La cena.

Carolina.- (*Entrando con un recipiente de sopa que deja sobre la mesa*) ¿Qué pasa, no viene?

Carlos.- (*Levantándose cabreado*) ¡Me cagón la puta hostia! (*Entrando en la habitación de la niña*) (*Off*) ¡Hasta los cojones! ¡Hasta los mismísimos cojones! (*Sale*)

Carolina.- ¡Carlos!

Coral.- (*Off*) ¡Papá!

Carolina.- ¡Carlos, no!

Carlos.- (*Off*) ¡Hasta los putos cojones de los huevos!

Carolina.- ¡Carlos!

Coral.- (*Off*) ¡Papá!

Carlos.- (*Off*) ¡A la puta mierda el puto Internet, hace una puta hora que te estoy llamando!

Coral.- (*Off*) ¡No te he oído!

Carolina.- ¡Carlos, déjalo!

Carlos.- (*Off*) ¡No me extraña, tienes los putos oídos llenos de mierda! ¡Pues a la mierda, se acabó el puto ordenador!

Coral.- (*Off*) ¡Papá, no!

Carlos entra de nuevo en escena con el teclado del ordenador y empieza a destrozarlo golpeándolo contra todo.

Carlos.- ¡Hasta los huevos, hasta los putos huevos, puta sorda de mierda!

Carolina.- ¡Joder Carlos, para!

Sale Coral y se cruza de brazos

Carlos.- ¿Que pare?, ¿que pare? ¡Me cagón la hostia puta!, ¡voy a parar cuando lo reviente, voy a reventar el puto Internet de los cojones! ¡Voy a joder de una puta vez al puto *Twitter* y al puto *Facebook* de mierda!

Carolina.- ¡Lo que vas es a hacerte daño!

Carlos.- ¡Seguro que sí, como eres una puta bruja, me echas una puta maldición y me jodes, que es lo único que sabes hacer porque de follar ni puta idea!

Carolina.- ¡Maldito! ¡Maldito cabrón de mierda, pues jódete!

Carlos.- (*Fingiendo que se ha hecho daño*) ¡Ay! ¡Hostia! ¡Ya me he jodido la mano! ¡Puta bruja de mierda!

Carolina.- ¡Te está bien empleado! ¡Jódete!

Carlos.- ¡Ja, te lo has creído!

Coral.- ¡Papá, haz el favor de controlarte!

Carlos.- ¡Que se controle tu puta madre!

Carolina.- ¡Tu puto padre! ¡No te jode!

Coral.- ¿Y esta es la buena educación que recibo en mi casa?

Carlos.- ¡No, esta es la puta educación mierda, que recibes en tu puta casa de mierda, de tus putos padres de mierda!

Carolina.- ¡Lo dirás por ti!

Carlos.- ¡Pues claro, por mí, por ti, (*golpeando el teclado*) y porque todo es mierda! ¡Mierda, mierda, mierda!

Carolina.- (*Quitándole el teclado a Carlos y poniéndose a romperlo ella*) ¡Bueno, ya está bien, hasta los putos ovarios me tenéis! ¡Mierda, mierda, mierda! (*El teclado resiste*) Puto teclado, ¿de qué puta mierda estás hecho?

Coral.- ¡Me dais vergüenza!

Carlos.- ¡Te damos vergüenza! ¡Te damos vergüenza! ¡Dame el puto teclado de los cojones!

Carolina.- ¡Toma, dale tú cabrón, que yo no puedo! ¡Putos teclados de mierda, les cae una gota de agua y se joden, y luego no hay Dios que los rompa!

Carlos.- ¡Trae *pacá*! (*Golpeando*) ¡Puta vida! ¡Puta mierda! ¡Tócate los cojones! ¡No te jode! ¡Me cagón mis putos huevos! ¡Me cagón mi puta madre!

Coral.- ¡Hala, ya salió la abuela!

Carolina agarra el teclado y le ayuda a romperlo.

Carlos y Carolina.- ¡Puta, puta, puta, puta, puta, puta...!

El teclado revienta por fin. Silencio. Carlos va al sofá y se sienta en silencio, Carolina le sigue y se sienta también.

Durante la bronca, en un visto y no visto, vemos que Coral deja caer algo en los platos de sopa de su padre y de su madre.

Coral.- ¿Ya os habéis quedado a gusto?

Carlos.- (*Respirando*) Sí, me siento mejor.

Carolina.- Yo también.

Carlos.- Pero si estabas muy tranquila.

Carolina.- Sólo en apariencia. A veces Olga me tensa, y ayer me tensó. Olguita y sus modelitos, en fin... Cenamos... que se enfría la sopa.

Carlos.- Sí, cenemos.

Se sientan a la mesa, se sirven la sopa y empiezan a comer.

Carlos.- Vaya, está fría.

Carolina.- ¿La caliento un poco?

Coral.- Está bien así.

Carlos.- Sí. Hija…

Coral.- Ya lo sé… Las cosas de casa se quedan en casa.
Si ya lo sé… no os preocupéis, estoy bien educada,
sé comportarme.

Carlos.- Gracias. Y perdona.

Carolina le coge la mano a Coral en señal de aprobación.

Coral.- Lo que me preocupa es que ya no voy a poder
hacer el trabajo de Historia que tengo pendiente
para mañana.

Carlos.- No te preocupes, te dejo el portátil.

Coral.- ¿En serio?

Carlos.- Sí.

Coral.- Vale.

Carlos.- (*Simpático*) No te conformarías con menos.

Coral.- No me conformaría con menos.

Carolina.- (*Toma una cucharada de sopa y nota algo raro en la boca*) ¿Pero qué es esto? Una tecla..., se ha caído una tecla en la sopa. (*Carolina se queda petrificada*) ¡Joder!

Carlos.- ¿Qué pasa?

Carolina.- ¡Mierda, es la puta letra erre!

Carlos.- Bueno, habrá saltado mientras golpeábamos el teclado.

Carolina.- ¡Pero es la letra erre!

Carlos. ¿Y qué...?

Coral.- ¿Qué narices pasa con la letra erre?

Carolina.- Nada, no pasa nada, no pasa nada Coral, una letra que ha saltado al destrozar el teclado, eso es todo. ¿De acuerdo…?

Coral.- ¿Qué pasa con la letra erre?

Carlos.- (*A punto de llevarse una cucharada de sopa a la boca*) No te preocupes hija, es sólo una pequeña fobia de tu madre.

Coral.- ¿Fobia a la letra erre? Bueno, mejor no pregunto más, ya me lo explicareis otro día, por hoy ya llega.

Carolina.- (*A Carlos*) ¿No comes?

Carlos.- Se me ha quitado el hambre.

Carolina.- Si sólo ha sido una casualidad. Come.

Coral.- Por cierto, tienes otra tecla en tu cuchara.

Carlos.- Vaya, pues sí que han llegado lejos.

Carolina.- Si es que cuando te da, te da.

Carlos.- Ya me conoces, no me altero casi nunca, pero cuando me altero, me altero. (*Coge la letra y la aparta*)

Carolina.- ¿Qué letra es? (*Carlos no responde, Carolina insiste. Carlos la mira y se queda helado*) ¿Qué letra es? ¿Es la puta erre verdad?

Carlos.- Sí.

Carolina.- Ningún ordenador tiene dos letras erres.

Carlos.- No.

Carolina.- ¡Dios!

Carlos.- ¡Joder!

Carolina.- ¡Dios!

Carlos.- ¡Joder!

Coral.- ¿Qué pasa?

Carolina.- ¡Tenemos que hacerlo!

Carlos.- ¡Y parecía imposible que llegase a suceder!

Carolina.- Ya.

Coral.- ¿Qué… qué… qué es lo que tenéis que hacer? ¿Qué sucede?

Carlos.- ¿Ahora?

Carolina.- No lo pensemos, sabemos perfectamente lo que pasará si no lo hacemos.

Carlos.- Está bien.

Se levantan y agarrándose de la mano se van hacia la ventana.

Coral.- Pero, ¿qué pasa? (*No contestan*) ¡Habladme!

Carlos.- Te queremos hija, haz buen uso de cuanto te hemos enseñado, y no dudes en utilizar cuanto te dejamos para mejorar tu educación.

Carolina.- Sí, hija, ese es nuestro deseo, la educación es una puerta abierta a la vida.

Coral.- Pero…

Carlos.- No te muevas por favor.

Carolina.- Quédate ahí…

Abren la ventana y se arrojan al vacío.

Coral.- ¡No!

Coral saca su móvil muy nerviosa y llama.

Coral.- Clave C26 vitola R.506 V. Aquí la agente en prácticas 7-32-c1. La operación ha sido un éxito. Ya estoy dentro de la organización, ¿verdad? ¡No! ¡Mierda! Ahora mismo lo hago. (*Se asoma a la ventana*) Comprobado, los dos están muertos, quiero esa notificación ya. ¿La ventana? Pero si ya me he asomado. La otra. Vale. Ya estoy aquí. ¿Y ahora qué? (*Mientras habla un punto de luz roja asciende por su cuerpo hasta colocarse en su corazón, cuando la ve es demasiado tarde*) ¡Cabrones! (*Se oye un disparo. Coral muere*)

Oscuro.

TORTILLA DE LEXATINES

Personajes
Toñi
Pili
Cori

Tres hermanas discutiendo sobre una herencia de testamento. Pili y Toñi discuten muy alteradas. Pili está ligeramente bebida.

Toñi.- ¡Mamá siempre dijo que el piso de Alcalá era para mí!

Pili.- Pues me parece muy bien, y si lo hubiera dejado por escrito ya no habría nada que discutir, pero como no es así, el piso es de las tres, y yo quiero vender.

Toñi.- ¡Claro, como no tienes donde caerte muerta!

Pili.- ¡Oye, sin faltar! No diré que me sobre el dinero, pero tampoco estoy tan mal.

Toñi.- ¡Ya! (*Revuelve en el bolso y saca unos papeles*) Factura de la peluquería a donde ya no vas porque debes casi quinientos euros. Factura de tu comunidad donde se especifica todo lo que debes. Recargo de la hipoteca de tu piso. ¿Sigo...?

Pili.- Pero... ¿De dónde has sacado todo esto?

Toñi.- Tengo buenos amigos.

Pili.- Lo que tienes es... es que no tienes vergüenza. Pero me da lo mismo. Te crees muy lista, pero por mis cojones que el piso lo vendemos.

Toñi.- ¡Eso está por ver, mal hablada!

Entra Cori con una jarra de agua y dos vasos. Está muy, muy relajada y sonriente.

Cori.- ¿Pero por qué gritáis tanto? Nos van a llamar la atención los vecinos.

Toñi.- Yo no te he pedido agua.

Cori.- Con lo que estáis gritando debéis de tener la boca seca.

Pili se llena un vaso y lo bebe de un trago.

Toñi.- ¿Por qué no le traes un vaso de vodka a tu hermana Pili?, según tengo entendido se lo bebe exactamente igual que el agua.

Pili.- ¡Pero cómo te atreves! ¿Qué insinúas? ¿Que soy una borracha?

Toñi.- (*Agarrando el bolso*) ¿Te saco alguna foto?

Cori.- Bueno, bueno, bueno. ¡Hay que ver! ¡Si mamá os oyera, vaya disgusto se llevaría!

Toñi.- Tu hermana Pili quiere vender el piso de Alcalá.

Pili.- ¡Te lo voy a pedir por favor, no me llames Pili, me revienta que me llamen Pili!

Cori.- No te enfades Pili, Pili está muy bien, es como Cori. A mí Cori me encanta, suena casi como «cari», me gusta que me llamen «Cori,» o «cari».

Toñi.- Pues cari Cori, ¿tú qué opinas de la idea de «Pili»?

Pili.- (*Levantándose*) ¡Te voy a dar!

Toñi.- ¡Eh!

Cori.- ¡Chicas, quietas! ¡Cómo estáis! ¿Queréis un *lenxantín*? (*Saca las pastillas*) Es muy bueno.

Toñi y Pili.- ¡No!

Cori.- Como queráis, pero os va a dar un *jamacuco*. Por lo demás, si ella quiere vender, pues muy bien, se vende.

Pili.- ¡Toma!

Toñi bebe y Pili también.

Toñi.- Pero tú sabes que mamá siempre decía que el piso de Alcalá era para mí.

Cori.- ¡Ah sí!, sí… es verdad… sí que lo decía, sí. Pues quédatelo tú. Con el buen gusto que tienes, seguro que lo dejas precioso. (*Se toma un lexatín y se sirve la última gota de agua*) Vaya, no queda, iré a por más.

Pili.- Pero… entonces… ¿Tú qué opinas?, ¿vendemos o no?

Cori.- (*Saliendo a por agua*) A mí me da igual, decididlo vosotras.

Toñi.- Está completamente colocada.

Pili.- Pobre, no ha conseguido recuperarse de lo de Paco, y ya van dos años.

Toñi.- No, y eso juega a nuestro favor. Escúchame, quiero proponerte algo. (*Saca un nuevo papel del bolso*)

Pili.- ¿De qué me vas a acusar ahora?

Toñi.- De nada. Mira. Este documento lo ha redactado mi abogado, en él doña Coral Juncoso Suárez cede la propiedad de Alcalá de Henares a favor de sus hermanas, o sea, nosotras.

Pili.- ¿Y pretendes que ella te firme esto?

Toñi.- Está totalmente drogada, no se va a enterar de nada. Este es el trato, y te lo digo bien claro, yo te pago tu parte como si hubiésemos dividido entre las tres, y yo me quedo con el piso.

Pili.- ¡Qué lista! ¡Para ti el pellizco gordo!

Toñi.- Te recuerdo que no estás en condiciones de negociar. Si quieres te saco más papeles.

Pili.- Déjate de papeles.

Toñi.- Además, aun así son casi cien mil euros, es un buen pellizco, y el papeleo corre de mi cuenta.

Pili.- ¿Cien mil euros?

Toñi.- Sí, las tres palabras juntas, *cienmileuros*.

Se lo piensa unos segundos.

Pili.- Trato hecho ¿Dónde firmo?

Toñi.- (*Le da un bolígrafo, y le pasa los papeles*) Toma, vete firmando debajo de tu nombre. ¡Cori…! ¡Cori cari! ¿Puedes venir?

Cori.- Ya voy.

Pili.- Y trae algo de vino si tienes…

Cori.- Pues no sé si tengo, ahora miro.

Toñi.- ¿Vino…?

Pili.- ¡Hay que celebrarlo!

Toñi.- ¿Más?

Pili.- No empecemos.

Entra Cori.

Cori.- Aquí está el vino y una tortillita para picar.

Toñi.- Qué buena eres, no tenías que haberte molestado.

Cori.- Si no es molestia. Yo lo que quiero es que estéis bien y que dejéis de discutir, que sois hermanas.

Pili.- Ya no vamos a discutir más, hemos llegado a un acuerdo que nos beneficia a las tres.

Se sirven vino y pican algo de tortilla.

Cori.- Eso me parece bien.

Pili.- Toma, firma aquí debajo.

Cori.- (*Intentando leerlo pero sin conseguirlo*) ¿Qué dice?

Pili.- Dice que hemos acordado vender el piso.

Cori.- Ah, muy bien. (*Firma*)

Toñi.- (*Cogiendo tortilla*) Qué hambre tengo, esto de discutir da hambre.

Pili.- Y sed. (*Bebe y coge tortilla*)

Toñi.- Y ahora firma aquí.

Cori.- ¿Qué es?, ¿lo mismo?

Toñi.- No, este dice que el piso me lo quedo yo.

Silencio.

Cori.- Estupendo, muy bien.

Toñi y Pili empiezan a reírse.

Toñi.- Y firma este otro también.

Cori.- ¿Y este para qué es?

Pili.- (*Riéndose*) Aquí dice... ¡que el que se lo queda es tu gato!

Toñi y Pili se parten de risa, mientras comen y beben sin parar.

Cori.- ¡Mi *Rufi*, mi *Rufi* propietario de un piso!

Toñi.- ¡Sí, el *Rufi* propietario de un piso en Alcalá!

Toñi y Pili no pueden para de reír.

Cori.- (*Sollozando emocionada*) ¡Qué alegría! ¡Qué buenas hermanas sois! (*Cogiendo la mano a Toñi*) ¡Toñi! (*Cogiendo la mano a Pili*) ¡Pili!

Toñi.- ¡Pili!

Risas.

Pili.- ¡Toñi!

Más risas.

Pili y Toñi.- ¡Cori!

Las tres se ríen, Toñi y Pili a mandíbula batiente, Cori un poco más suave. Poco a poco se calman.

Pili.- ¡Qué relajada me siento!

Toñi.- ¡Y yo!

Cori.- Eso es por los *lexatines*.

Toñi.- (*Muy relajada*) ¿Qué *lexatines*?

Cori.- Los que le he echado a la tortilla.

Pili.- *(Relajadísima)* ¿A qué tortilla?

Cori.- A la que os acabáis de comer. Estábais muy, muy, tensas y yo no quiero veros mal, así que vacié toda la caja en la tortilla. *(Casi cayéndose, coge el último trozo de tortilla)*¿A que estáis mejor?

Toñi.- ¿Toda la caja?

Pili.- ¡Nos vas a matar!

Cori.- No... o... ¡sí!

Toñi.- (*Relajada-aterrorizada*) ¡Pili!

Pili.- (*Relajada-aterrorizada*) ¡Toñi!

Ambas mueren soltando un hilillo de baba.

Cori.- (*Mira a una y a otra. Relajada riéndose*) ¡Cori! (*Cambiando de la risa al sollozo*) ¡Paco! (*Muere*)

Oscuro.

TAPITA DE GAMBAS

Personajes
Fran
Nunchy
Mila

Dos amigas en un bar, Nunchy y Fran, (Fran tiene una buena delantera). Sentadas en una mesa toman sendos refrescos. De vez en cuando se levantan y miran por la ventana, esperan a alguien.

Nunchy.- ¿Tú crees que vendrá?

Fran.- Es ella quien nos ha citado, ¿qué sentido tiene citarnos si no va a venir?

Nunchy.- No la conoces, es capaz de liarte una sin que te des cuenta.

Fran.- Entonces vámonos.

Nunchy.- No, necesito saber lo que quiere.

Fran.- ¿Cuándo vas a liberarte de ella?

Silencio.

Fran.- ¿Todavía sientes algo?

Silencio.

Fran.- Reconócelo.

Silencio.

Fran.- ¡No me lo puedo creer!

Nunchy.- Sí, preocupación. Desde que nos dejamos me he temido lo peor.

Fran.- Pues ya van siete meses y no ha pasado nada.

Nunchy.- Si encontrase a otra estaría tranquila, pero mientras siga sola, créeme, no hay que fiarse.

Fran.- Pues atenta que ahí viene.

Entra Mila, viste un abrigo largo que le queda grande. Mila y Fran se saludan con sequedad.

Mila.- Hola.

Fran.- Hola.

Nunchy.- (*Levantándose y dándole dos besos*) ¿Cómo estás?

Mila se saca el abrigo, bajo él se aprecian un par de tetas impresionantes.

Fran.- (*Mirándole las tetas*) Saldré fuera, tengo que hacer una llamada. Ya veo que tenéis mucho de qué hablar.

Nunchy.- Quédate.

Fran.- No, mejor hablad vosotras. *(Sale)*

Nunchy.- *(Divertida, señalando las tetas)* ¿Y eso?

Mila.- Ya ves, al final me he operado.

Nunchy.- ¿Puedo tocar?

Mila.- No, están recientes y todavía me duelen.

Nunchy.- ¿Pero cómo te ha dado por ahí?

Mila.- (*Muy seria*) Este es mi último desesperado inten-
to de que vuelvas conmigo.

Nunchy.- No voy a volver contigo.

Mila.- Siempre dijiste que te atraían los pechos grandes.
Es lo más grande que han podido ponerme. Son más
grandes que los de ella.

Nunchy.- ¿Cuándo lo vas a entender?, con tetas o sin
tetas no puedo volver contigo, lo nuestro no
funciona.

Silencio.

Mila.- Vuelve.

Nunchy.- No.

Mila.- Por favor…

Nunchy.- No. Es lo mejor para las dos.

Mila.- *(Angustiada)* Entonces no las necesito.

Saca una navaja, la abre.

Nunchy.- ¿Qué vas a hacer?

Mila.- ¡Dejar de hacer el ridículo! (*Parece que va a suicidarse clavándosela en el abdomen, pero la levanta y se pincha los pechos*)

Nunchy.- ¡No!

Las tetas estallan como los dos globos que en realidad son. Nunchy se queda estupefacta.

Nunchy.- (*Enfadada*) ¿Cómo puedes caer tan bajo?

Mila.- (*Solloza*) Ni yo misma lo sé…

Nunchy.- Anda, ven al baño, enjuguemos esas lágrimas.

Mila.- Ya no me quieres, ¿verdad? ¿Cómo se puede querer a alguien como yo?

Nunchy.- Te quiero, pero no como pareja. Tienes que rehacerte, desde que lo dejamos no vivo tranquila.

Mila.- Ya…

Nunchy.- Tienes que buscar ayuda.

Mila.- Ayúdame tú.

Desaparecen en dirección al baño. Entra Fran, trae un pla-
tito con algo para comer, lo deja en la mesa. Mila y Nunchy
vuelven.

Fran.- ¿De dónde vienen ustedes?

Nunchy.- Del baño. Mila se ha mareado un poco.

Fran.- (*Fijándose en sus tetas ausentes*) ¿Y sus tetas?

Nunchy le hace un gesto indicándole que deje el tema.

Nunchy.- Anda, toma, bebe un trago de esto, te aliviará.
(*Señalando el platito*) ¿Y eso?

Fran.- Una tapita, la han traído mientras estábais en el
baño.

Nunchy.- ¿Qué es?

Fran.- Parece tortilla.

Nunchy.- (*Acercándole el plato a Mila*) Toma, come, que
las penas con pan son más ligeras. (*Mila come*) ¿Está
bueno?

Mila.- Sí.

Fran.- A ver, deja que pruebe. ¡Uy sí, buenísimo…!

Nunchy.- ¿A qué sabe?

Fran.- No sé, pero está muy bueno. Prueba.

Nunchy.- Quitar penas sí, pero sumar kilos no. Dale a ella.

Fran le da el bocado.

Nunchy.- ¿Te sientes mejor?

Mila.- (*Con la boca llena*) Sí. (*Apenas contesta le empieza a faltar el aire, se asfixia*)

Fran.- ¡Hala, ya está montando otro numerito!

Nunchy.- (*Levantándose*) ¡Ya está bien de tonterías, haz el favor!

Fran.- ¡Está como un cencerro!

Nunchy.- ¡Ya me lo ha hecho otras veces!

Fran.- ¡Déjalo, no cuela!

Nunchy.- ¡No, espera, claro que me lo ha hecho otras veces, esto es alergia!, ¡tiene todos los síntomas! ¿Pero qué ha comido?

Fran.- Sólo la tortilla.

Nunchy prueba un pequeño trozo de tortilla, y lo escupe inmediatamente.

Nunchy.- ¡Oh Dios, es una tortilla de gambas!

Fran.- (*Probándola también*) Es verdad, pero están tan trituradas que casi ni se notan. ¡Cuánta tacañería!

Nunchy.- ¡Mila, Mila! (*Mila muere*)

Fran.- Bendita sea la tortilla de gambas, ¡por fin nos dejará en paz!

Nunchy.- No seas bestia. ¡Dios!, menos mal que no he comido, habríamos muerto las dos. Era la peor de nuestras pesadillas, morir ambas comiendo gambas.

Fran.- A mí me pasa lo mismo, pero con los cacahuetes. Pero tranquila, era imposible, tú no pruebas los aperitivos.

Silencio. Nunchy mira fijamente a Fran.

Nunchy.- Un momento... Has sido tú, tú has preparado ese aperitivo.

Silencio.

Nunchy.- ¡Confiesa!

Fran.- Sólo era cuestión de tiempo que acabases volviendo con ella, era ella o yo, y prefiero ser yo. Lo he hecho por nosotras.

Nunchy.- ¡Pero tú estás loca!

Fran.- Sí, ¡pero loca por ti!

Nunchy.- ¿Pero qué tengo yo para que me toquen a mí todas las locas del mundo? ¡Me voy de aquí!

Fran.- ¡Espera!

Nunchy.- ¡No, espera tú que tienes mucho que contarle a la Policía! (*Sale airada*)

Fran.- ¡No me dejes!

Se oye un frenazo seguido de un fuerte golpe y un grito. Fran se asoma por la ventana y se queda petrificada.

Off 1.- ¡Pobre chica!

Off 2.- ¡Ha cruzado sin mirar!

Off 3.- ¡Ustedes lo han visto, se me ha echado encima, no he podido frenar! ¡Dios mío! ¡Dios mío! ¡Dios mío!

Off 1.- Está destrozada, creo que la cabeza ha ido a parar bajo aquel coche.

Fran vuelve a la mesa, se sienta al lado del cadáver de Mila.

Fran.- (*Triste*) ¡Camarero!

Off .- ¿Sí?

Fran.- Cuando pueda tráigame una *Coca Cola*.

Off .- Ahora mismo.

Fran.- Y unos cacahuetes de esos que andan rondando por ahí.

Off .- Marchando. ¿Su amiga quiere algo?

Fran.- No, gracias, está descansando, acaba de pasar un mal rato con una miga que se ha ido por mal sitio.

Off 1.- De acuerdo. Pues marchando esa *coca cola*.

Camarero.- Pobre chica. Su *Coca Cola*. Con lo joven que era. Sus cacahuetes.

Fran canta llorosa y flojito «El manisero» mientras se come los cacahuetes. Muere.

Oscuro.

O2 ¡OH DIOS!

Personajes
Otis
Riley
Close

Tres astronautas de vuelta de una misión espacial, a punto de entrar en la atmósfera y casi sin oxígeno. Otis se está comunicando con la base. Riley revisa las reservas de oxígeno. Close cierra compuertas.

Ejecución a cámara lenta.

Close.- (*Asustado*) ¡Compuertas cerradas, no he podido rescatar ni una gota de oxígeno de los compartimentos!

Otis.- (*Con el micrófono en mano. Alto y fuerte*) ¡Llamando a base, llamando a base!

Riley.- ¡Reserva en nivel cero!

Otis.- ¡Base, conteste!

Base (*Off*).- Aquí base. ¿Qué ocurre?

Otis.- (*Alto y fuerte*) Houston, tenemos un problema…

Base (*Off*).- Estáis a cinco minutos de entrar en la atmósfera. ¿Qué ocurre?

Riley.- (*Quitándole el micro a Otis y gritando*) ¡Nos estamos quedando sin oxígeno! ¡Vamos a morir antes de entrar en la atmósfera!

Base (*Off*).- Entendido. Lo primero es no gritar, gritar eleva el consumo de oxígeno. ¿Han cerrado compartimentos?

Otis.- (*Susurrando*) Los compartimentos están cerrados.

Base (*Off*).- ¡No le oigo. Repito. No le oigo!

Riley.- (*Gritando*) ¡Todo está cerrado y no queda ni una gota de oxígeno en la reserva! ¿Me oyes, maldita zorra?

Close.- (*Con desesperación*) ¡No grites! ¿Quieres matarnos?

Riley.- ¡Callaos los dos! ¡Base! ¡Base!

Base (*Off*).- (*A base no le ha sentado bien el insulto*) Un momento, consultaré con el equipo técnico. Permanezcan a la escucha.

Suena una musiquilla agradable que no dejará de sonar hasta el final.

Close.- (*Desesperado*) ¡Nos han colgado la musiquilla, no saben qué hacer, vamos a morir!

Otis.- Calmémonos, quedan tres minutos, respirad con calma.

Riley.- Propongo que nos quedemos quietos, respiremos, aguantemos y volvamos a respirar.

Otis.- Mirándonos para vigilarnos.

Riley.- De acuerdo. A la de tres. Una, dos, y tres.

Cogen aire. Se miran. A los diez segundos Close vuelve a respirar.

Riley.- ¡Alto! ¡Has respirado dos veces, que te he visto!

Close.- ¡Y tú has cogido más aire que nadie!

Rliley.- ¡A mí tú no me robas el aire!

Close.- ¡Y tú a mí no me lo chuleas!

Ambos se enfrentan, Close va a atizarle a Riley, pero Otis se sitúa en medio y se lleva el golpe.

Otis.- ¡Basta! (*Recolocándose la mandíbula*) ¡Esto no funciona! Pensemos otra cosa.

Riley.- ¡A la mierda! ¡Sálvese quien pueda! (*Saca una bolsa de plástico y empieza a moverla por la nave para que coja la mayor cantidad de aire posible*)

Otis.- ¿Se puede saber qué estás haciendo?

Riley.- Preparando mi reserva de aire.

Otis.- ¡Serás cabrón!

Riley.- Ya lo dije, ¡sálvese quien pueda!

Close.- (*Hiperventilando aterrorizado*) ¡Nos estás robando el aire!

Riley.- No, nos lo estás robando tú, mejor dicho, lo estás quemando.

Otis.- Tranquilízate, por favor, ¡nos vas a matar!

Close hiperventila más fuerte.

Otis.- ¡Tranquilízate! ¡Por lo que más quieras, respira despacio! (*Close sigue hiperventilando*) (*A Riley*) ¡Hay que parar esto! ¡Dame la bolsa!

Riley.- ¡Nunca, este aire es mío!

Otis.- ¡Mierda! (*No sabe qué hacer. Toma la decisión más drástica. Estrangula a Close*)

Riley.- (*Horrorizado*) ¡Le has matado!

Otis.- Tenía que hacerlo, iba a matarnos.

El cadáver de Close flota sin vida.

Riley.- ¡Asesino! ¿Y ahora qué vas a hacer? ¿Vas a matarme también a mí?

Otis.- No…, no (*Empiezan a vibrar*)

Otis.- ¿Y ahora qué ocurre?

El cadáver de Close cae de golpe.

Riley.- ¡Estamos entrando en la atmósfera!

Otis.- (*Gritando*) ¡Lo hemos conseguido!

Riley.- (*Gritando*) ¡Joder, no grites!

Suena un pitido.

Ordenador nave.- Ni-vel de o-xí-ge-no ce-ro. Ni-vel de o-xí-ge-no ce-ro.

Otis se ahoga. Riley respira el último oxígeno de la bolsa. La nave da un golpe al chocar contra la Tierra. Riley cae sobre su bolsa de aire, la revienta, intenta respirar, pero ya no hay aire. Muere también.

Ordenador nave.- A-bri-en-do tren de a-te-rri-za-je.

Se corta la musiquilla.

Base (*Off*).-Base llamando a nave. Base llamando a nave. Aquí base llamando a nave. ¿Ha ido todo bien?

Oscuro.

CHUNGODRAMAS

ROBERTO DOS VECES MUERTO

(Don Juan post mortem)

Personajes

Marina. Viuda de Roberto
Ágata. Vecina y amiga
Priscila. Vecina y amiga
Lali. Empleada del hogar

Marina y Lali, la empleada del hogar, están preparando algo. Cubren con un plástico el suelo, sobre el que ponen una mesa, que a su vez vuelven a cubrir con otro plástico. Bajo la mesa colocan un saco de abono para las plantas.

Marina.- Esto ya está. Vete preparando los aperitivos.

Lali.- ¿Quiere que la ayude?

Marina.- No, prefiero hacerlo sola. Además las niñas están al caer y aún no hemos preparado nada.
Lali.- Como ordene la señora. (*Se retira*)

Marina se queda sola, pone un papel grande sobre la mesa y vacía muy despacio las cenizas de una urna.

Marina.- Perdona que no lo haya hecho antes querido, me faltaban fuerzas, pero ya puedo. (*Desenvuelve una urna nueva, de cerámica, muy bonita. y se la enseña a las cenizas*) Este será tu nuevo hogar.

Suena el timbre. Lali aparece en escena dispuesta a abrir.

Marina.- Déjalo. Ya abro yo. Tú sigue con lo tuyo.

Sin soltar la nueva urna abre la puerta. Son Ágata y Priscila. Vienen con dos plantitas y una bolsa con tiestos más grandes que los que traen en la mano.

Marina.- Qué puntuales. Así da gusto. (*Se saludan con un par de besos*)

Priscila.- ¿Por dónde empezamos?

Marina.- (*Señalando la mesa*) Está todo ahí. Dadme un momento que voy a ver cómo están esos aperitivos y ya nos ponemos. Además, tengo que retirar lo que está encima. (*Sale*).

Ágata.- ¿Qué hacemos?

Priscila.- Esperar.

Ágata.- Casi mejor nos ponemos. Antes empezamos, antes acabamos.

Priscila.- Pues tienes razón.

Se acercan a la mesa y Priscila toca las cenizas.

Priscila.- Es muy fino.

Ágata.- Pues será de lo mejor, ya sabes cómo es Marina.

Priscila.- ¿A saber de dónde se lo habrán traído?

Sacan sus plantas de los tiestos.

Ágata.- Nos hace falta un cubo para mezclar.

Priscila.- Yo se lo pido.

Se acerca a la cocina.

Priscila.- Marinita, oye, que ya nos hemos puesto a la tarea. ¿No tendrás un cubo por ahí para mezclar?

Marina (*Off*).- Sí, hay uno aquí. Ven, que te lo doy.

Priscila entra y sale con el cubo. Entre tanto Ágata desmenuza la tierra.

Ágata.- Esto ya está.

Priscila.- Pues a mezclar.

Se ponen a mezclar, uniendo la ceniza y la tierra que han sacado de los tiestos. Ágata remueve.

Ágata.- Qué buen color está cogiendo.

Priscila.- Se ve que era tierra sin vida.

Ágata.- Pues ahora va a renacer y nos va a poner las plantas preciosas. (*La mira*) Yo creo que ya está.

Priscila.- Pues al tiesto.

Rellenan los tiestos y colocan las plantitas.

Ágata.- Nos ha quedado perfecto.

Priscila.- Y no hemos manchado nada.

Entran Marina y Lali con unas bandejas.

Marina.- Aquí está el aperitivo.

Ágata.- ¡Vaya, cómo te lo has currado! Pero no has sido la única. (*Enseñándole las plantas*) Mira qué bien han quedado.

Marina.- Muy bien. (*En ese momento se fija en que las cenizas han desaparecido*) Pero, ¿y las cenizas?

Priscila.- ¿Qué cenizas?

Marina.- ¡Lo que había ahí!

Priscila.- ¿El abono? Pues lo hemos usado.

Marina.- Pero eso no era abono, el abono está debajo de la mesa, eso, eso, eso eran las cenizas de Roberto.

Priscila y Ágata.- ¡Roberto! (*Ambas se miran*)

Marina.- ¿Pero cómo habéis podido? (*Quitándoles los tiestos*) Roberto, mi Roberto, mi amor convertido en abono, no puedo creerlo.

Priscila.- Perdóname, lo siento, pero (*quitándole el tiesto*) la planta es mía y me la llevo.

Ágata.- (*Quitándole el otro tiesto*) Y esta es mía y también me la llevo.

Marina.- ¡Roberto no va a salir de aquí! (*Tratando de recuperar las plantas, ellas la esquivan*) ¡Devolvédmelo!

Priscila y Ágata.- ¡No! ¡Nunca!

Marina.- ¡Lali, ayúdame!

Laly.- Ay. No señora, prefiero no meterme en esto.

Marina.- ¿Pero a qué viene tanto interés en querer quedarse con mi Roberto? A no ser…, a no ser… ¡No puede ser!, ¡no puede ser! ¡Érais amantes!

Priscila.- ¡Pero qué dices!

Ágata.- ¡Te has vuelto loca!

Marina.- ¿Loca? (*A Priscila*) Dime, ¿qué hacías tú aquí a las cinco treinta todos los jueves sentada en el sofá con mi marido?

Priscila.- Charlar amigablemente.

Marina.- Pero tu clase de inglés acababa a las cinco, en punto.

Priscila.- Éramos amigos, hablábamos de cosas.

Marina.- (*A Ágata*) Lo mismo que tú los martes. ¿No?

Priscila.- Sí, era un buen profesor de inglés y un amigo.

Ágata.- Sobre todo un buen amigo.

Priscila.- (*Abrazando el tiesto*) Sí.

Marina.- ¿Y por qué en vez de venir un día cada una no os juntó a las dos?

Priscila.- Era imposible, cuestiones de trabajo.

Ágata.- Aunque alguna que otra vez sí nos juntó la casualidad.

Priscila.- Sí.

Marina.- ¡Dios mío, habéis hecho tríos, tríos, aquí, en mi casa!

Priscila.- ¡Marina, frena!

Ágata.- Que se te está yendo la rosca.

Se abalanza sobre ellas para quitarles los tiestos.

Marina.- ¡Dadme eso!

En el forcejeo los tiestos caen y se vuelca el contenido. Ágata y Priscila se tiran rápidamente al suelo para recogerlo.

Priscila y Ágata.- ¡Roberto!

Priscila.- No te preocupes, cariño, enseguida te recojo.

Ágata.- Te compraré un tiesto de cerámica. Ya verás qué bien.

Marina se queda petrificada.

Marina.- Estaba en lo cierto.

Priscila y Ágata salen llevándose lo que pueden.

Marina.- ¡Roberto, Roberto! ¡Maldito! ¡Maldito Roberto! (*Se acerca a la mesa donde estaban las cenizas y golpeando la urna contra el papel intenta recoger los escasos restos que quedan*)

Lali.- ¡Señora!

Marina.- ¡Déjame!

Cuando ha acabado hace un paquetito, y se va llevándoselo llorosa. En cuanto desaparece, sale Lali y con un recogedor y una escoba recoge lo que queda de cuanto se ha desparramado por el suelo.

Lali.- ¡Ay señorito señorito, qué bueno era usted! Cuánto le echo de menos, no hay miércoles que no piense en usted. (*Cuando acaba de recoger eleva el recogedor hasta la altura de la cara y le dice*) Tengo un cactus medio moribundo al que seguro que usted le va a revitalizar el alma. (*Sale*)

Oscuro.

CASI 11

Personajes
Oliverio
Martina
Doctora
Enfermera
Paciente
Justina Isasola
Guarda jurado 1
Guarda jurado 2

Una pareja madurita espera en la consulta del médico. Martina está embarazadísima. Teje unos patucos. Oli ojea un periódico. Entra Justina, una señora que suspira cada sesenta segundos, se sienta al lado de él.

Justina.- Buenas tardes.

Martina.- Buenas.

Oli no contesta, enfadado dobla el periódico. Se levanta y se pone a pasear inquieto. Habla solo, mascullando entre dientes.

Oli.- Vamos. Sal ya, sal ya pesada, que me quiero ir a mi casa, que aquí no pinto nada.

Martina.- Oli, siéntate, por favor. Me pone nerviosa verte pasear de un lado a otro.

Oli.- Perdona cariño, pero me muevo o reviento.

Justina suspira.

Martina.- Tampoco es para tanto, no llevamos ni media hora.

Oli.- ¡Media hora… media hora! Te recuerdo que llevamos diez años. ¡No, qué digo! Casi once. Once años viniendo a consulta, los dos, dos veces al mes, cada quince días para ser exactos.

Martina.- ¿Y qué quieres que haga? La doctora te ha dicho mil veces que el embarazo es cosa de dos.

Oli.- Sí, pero un embarazo normal. No un embarazo de diez años, casi once.

Justina suspira.

Martina.- (*Llorosa*) ¿Y qué quieres que haga?

Oli.- ¡Parir, parir de una p...! ¡De una vez!

Martina.- (*Llorosa y gritando*) ¡Sabes que no puedo!

Oli.- No puedes, no puedes... No quieres. Esa es la verdad.

Martina.- ¡No puedo!

Oli.- No quieres.

Martina.- ¡No puedo!

Justina suspira. Sale la enfermera.

Enfermera.- ¿Pueden dejar de gritar, por favor?, la doctora no puede concentrarse.

Oli.- ¿Pasamos ya?

Enfermera.- No. Espere su turno. Y por favor, no griten o alargarán la espera.

Oli.- ¡Pues espabilen!

Enfermera.- Vaya un paciente con carácter.

Oli.- ¡Sí, y no me obligue a sacarlo!

La enfermera no contesta. Justina vuelve a suspirar.

Martina.- Estupendo, has conseguido que se enfade.

Oli.- ¡Y qué…!

Justina suspira. Sale una paciente.

Enfermera.- Recuerde el 15.

Paciente.- ¿No era el 16?

Enfermera.- No, el 15.

Paciente.- Sí, sí.

Enfermera.- Y no olvide tomar las pastillas.

Paciente.- ¿Qué pastillas?

Enfermera.- Las de la memoria.

Paciente.- Sí, sí.

Se va. La enfermera vuelve a llamarla.

Enfermera.- Carmen. El bolso.

Paciente.- Es verdad, el bolso. ¡Qué cabeza!

Enfermera.- Tenga.

Paciente.- Este no es mi bolso.

Enfermera.- Sí. Es su bolso.

Paciente.- ¿Es mi bolso?

Enfermera.- Sí, es su bolso.

Paciente.- Perfecto. Gracias. (*Sale. Se detiene*) ¿El 17?

Enfermera.- No, el 15. ¡Ah! Da igual, venga usted cuando quiera.

Paciente.- No, el 15 seguro. Me lo apunto en cuanto llegue a casa. ¿Dónde vivo? Ah sí, ya me acuerdo.

Enfermera.- Dese prisa antes de que se le olvide.

Paciente.- ¿Olvidar qué?

Enfermera.- Dónde vive.

Paciente.- Ah. Sí, sí, sí.

Sale. Justina suspira.

Enfermera.- Justina Isasola.

Justina.- Sí.

Enfermera.- Acompáñeme.

Oli.- Un momento, nos toca a nosotros.

Enfermera.- Ustedes han llegado antes, pero por número ella va primero.

Oli.- Lo hace para fastidiarme. Es usted una sinvergüenza.

Enfermera.- No. Sólo soy una sencilla y educada enfermera. (*A Justina*) Pase, por favor.

Justina.- (*Suspira*) Lo siento.

Entran.

Martina.- ¡Quieres calmarte! Estás consiguiendo que todo el mundo se enfade.

Oli.- ¡Enfadarse! ¡Soy yo el que se enfada! ¡Me estoy enfadando tanto! ¡Tanto, que esto se va a acabar ahora mismo!

Mira a Martina con ojos de loco mientras avanza hacia ella.

Martina.- ¡Oliverio! ¿Qué haces?

Oli.- ¡Vas a tener ese niño ahora mismo!

Martina.- ¡Oliverio, no!

Oli.- Voy a liberarte.

Martina.- ¡Estate quieto, Oli!

Oli.- No, cariño, estate quieta tú.

Se lanza sobre ella. Forcejean. Ella grita, se rebela, pero nada puede ante la fuerza de él.

Oli.- (*Arrancando el cojín que lleva bajo la ropa*) ¡Lo tengo! ¡Lo tengo!

Martina.- ¡Mi hijo! ¡Mi hijo!

Oli.- ¿Tu hijo?

Martina.- ¡Devuélvemelo!

Oli.- ¡Mira lo que hago con tu hijo! (*Lo destroza riendo enloquecido. La espuma salta por todas partes*)

Martina.- ¡Asesino! ¡Has matado a nuestro hijo!

Oli.- ¡No, esto no es mío, es sólo tuyo! ¡Tuyo!

Salen la enfermera, la doctora y Justina.

Doctora.- ¿Qué ocurre aquí?

Martina.- ¡Asesino! ¡Ha matado a mi hijo!

Oli.- ¿Su hijo? ¡Un maldito cojín! ¡Once años con un maldito cojín en la barriga! (*A Martina*) ¡Loca! ¡Loca! ¿Cómo he podido aguantarlo? ¡Once años! ¡Once Años! ¡Maldita! ¡Maldita loca!

Martina.- ¡Asesino! ¡Asesino! ¡Asesino!

Oli.- ¡Loca! ¡Loca! ¡Loca!

Martina.- ¡Asesino!

Doctora.- (*A la enfermera*) Rápido, inyéctele un calmante a esta mujer.

Enfermera.- Sí, doctora.

Doctora.- ¿Qué ha hecho? Usted sí que está loco.

Enfermera.- ¡Asesino!

Oli.- ¿Loco yo? No. ¡Loca ella! ¡Y usted! ¡Y esa maldita enfermera! (*Vuelve a coger el cojín y sigue destrozándolo*) Y esta maldita mierda asquerosa.

Entran los de seguridad.

Guarda 1.- A ver… ¿qué es todo este griterío?

Guarda 2.- Se están quejando los de la primera planta.

Doctora.- Hagan el favor de sujetar a este señor, está en plena crisis nerviosa y es peligroso.

Enfermera.- El desgraciado acaba de matar a su hijo.

Guarda 2.- ¿A su hijo?

Martina.- (*Desvanecida*) Asesino.

Oli.- Tú sí que eres una desgraciada.

Doctora.- ¡Sujétenlo!

Oli.- (*Amenazándoles con lo que queda de cojín*) A mí no se me acerquen. (*Les golpea*)

Guarda 1.- Quietecito.

Guarda 2.- No se mueva.

Martina.- *(Cada vez más débil)* ¡Mi hijo. Mi hijo. Mi hijo!

Oli.- Sí. Tu hijo. Tu hijo un puto cojín. Ese es tu hijo. Once años engendrando un cojín, un apestoso cojín.

Los guardas lo agarran.

Doctora.- (*A la enfermera*) Ayúdela a entrar en el consultorio y túmbela en la camilla. Ya veremos cómo sale de este shock.

Enfermera.- Sí doctora.

Martina.- (*Desvaneciéndose*) Asesino.

Oli.- ¡Suéltenme! ¡Suéltenme!

Doctora.- Y ustedes llévense de una vez a ese inútil. Diez
años preparándola para un parto sin dolor y va el
tipo y lo estropea todo en un segundo. ¡Dios! Cuánta ansiedad hay en el mundo.

*Todos se van. En la sala sólo queda Justina que suspira una
vez más.*

Oscuro.

QUÍMICA

Ramón no consigue conciliar el sueño, da vueltas y vueltas en la cama intentando encontrar la posturita. Golpea la almohada y la recoloca una y otra vez, pero lo único que consigue es cabrearse más y más.

El personaje aparecerá en vertical embutido en una especie de traje cama.

Joder. Dios. Joder. Si es que no hay forma, esta puta almohada. (*Vuelve a recolocarla*) Nada, no hay forma y eso que se supone que está especialmente diseñada para conciliar el sueño. A ver así. Nada. ¡Mierda, no pillo postura ni de coña, te pongas como te pongas el cabrón del sueño tocándose los huevos por ahí. ¡*Mecagon* el puto Morfeo de los cojones! Y mira que no podría estar más cansado, qué digo, no, no, no, no estoy cansado, no es-toy can-sa-do, esto no es cansancio, es agotamiento. Por más que cierro los ojos no hay forma de conectar, en cuanto lo agarro un pelín, solo un pellizquito, vuelven a despertarme todos esos putos ruiditos incordiantes. (*Se oyen sonidos de nevera y reloj*) Puta nevera, ¡te callarás de una puta vez, puta! Y el puto reloj de la cocina con su plac, plac, plac. *Mecagon* la hostia. Y claro, luego para sobrevivir a la puta mañana te hinchas a putos cafés y te llaman histérico. Claro. ¡Histérico! ¡yo!, sí, ¡ya!, eso es... yo histérico, yo, sí. ¡Ja! El puto «*lasbailatodas*», que así es como me llaman en la oficina, que creen que no lo sé, los muy... simpáticos, que tengo unos compañeros la mar de simpáticos. ¡Pero si es que no duermo joder, no duermo!, y luego para mantenerme despierto necesito cafeína. Cafeína, ¡hostia!, litros y litros.

Suena el reloj de su vecino. Son las tres.

¡Hala!, ahí está el puto reloj del vecino tocando los cojones. ¡Si es que es la hostia! El tío duerme como un puto bendito en medio de todo ese campanario, claro, como lo tiene integrado. ¡Te voy a integrar a ti un par de hostias, capullo de mierda! ¿Pero cómo se puede integrar semejante ruido? ¡*Tarao*, que eres un *tarao*! ¡Venga hombre!

Se oye el ascensor.

Lo que me faltaba, ahora el ascensor. Que son las tres joder, las tres. ¡*Mecagon* todos los hijos de puta que no curran!, que es que hay que tener cojones. Putos preju-bilados ociosos. (*Gritando*) ¡A currar cuando hay que currar, coño, y a dormir cuando hay que dormir! *¡Mecagon* la hostia puta!

El vecino de al lado golpea la pared.

¡Pero bueno!¡Sí, sí, eso, eso, golpea, golpea, ¿a que jode no poder dormir?, pues a joderse, que por aquí todos estamos jodidos y hay que ser compañero! ¡Venga, intégrame, intégrame, intégrame como integras a tu puto reloj!

Vaya… ¡Uf! Parece que me noto un poco más relajado. Venga Ramón, ánimo, vamos allá. Una ovejita, *(cierra los ojos, pero se le abren como si tuviesen un dispositivo automático)* dos ovejitas, tres ovejitas, cuatro ovejitas, cinco ovejitas… seis ovejitas… siete… ocho…

¡Mierda! ¡No me lo puedo creer, ahora me pitan los oídos! ¿Pero es que esta crucifixión no va a acabarse nunca? Hablando de crucifixión, mañana tengo que despedir a Hernández. Qué putada. ¿Pero qué estoy diciendo…? ¿cómo que qué putada?, ¡y una mierda qué putada!, que le jodan joder, no haberse dormido en el curro, que sólo fueron unos segundos, pues a joderse como nos jodemos todos, a joderse y a tomar café, a tomar puto café. Seguro que el muy cabrón me está mentando ahora mismo, por eso me pitan los oídos. Despedido, joder, despedido y expedientado, en la puta vida va a volver a encontrar curro el mamarracho ese.

Otra vez el ascensor.

Venga, sí, sí, cómo no, el ascensor otra vez. Mañana en cuanto suba le doy una buena hostia, lo jodo y todos a hacer deporte y de paso acabo con este subibaja trasnochado e infernal. ¡Ja! Vaya... de repente me he puesto literato.

Se oyen pasos en el piso superior y empiezan a oírse gemidos.

¡Hostia! ¡No jodas! ¡Los vecinos de arriba! ¡Hostia, no me lo puedo creer! (*Gritando*) ¡Que hoy es martes y no toca fornicio!

Vuelve a golpear el vecino de al lado.

¡Eso, eso, golpea, golpea, que como tires la pared nos vamos a oír hasta los pedos!

Suena el somier del piso de arriba.

(*Irónico*) ¡Hala, hala, venga dale, dale, eso, venga, ábrete así amor, toma, trágate toda mi chorra! ¡Eso, eso, eso, así, así cariño, dale, dale! ¡Eso, eso, agárrame el culo, así, fuerte, aprieta, eso es cariño, eso es! ¡Pon tu boca aquí, así, así!

El vecino vuelve a golpear la pared de nuevo.

¡Dale, dale tú también, clávala contra el colchón! ¡Esto es una orgía, una puta orgía divina! ¡Oh Dios! ¡Oh San Pedro! ¡Oh San Pablo! ¡Oh San Julián de Prados!, ¡Oh! ¡Oh, oh, oh! ¡Joder, a ver si compramos un somier nuevo, majetes, así no os crujirán tanto los polvetes!

Silencio.

¿Ya está? ¡No jodas! Es un puto eyaculador precoz. Anda que la habrás dejado contenta. ¡*Cagabandurrias*!

¡Vaya! Silencio por fin. Venga, es el momento, concéntrate Ramón, concéntrate. (*Silencio*) ¡Joder cómo me late el corazón, es como si lo tuviera pegado al oído! ¡Uf! Es imposible. ¡Mierda! ¡Mierda, ya no puedo más!, son casi las cuatro. Doctor Alberto, quede constancia que esta noche lo he intentado, que conste, pero llegado este punto ya sólo puedo decir: ¡va por usted doctor!, luego no diga que no hago caso de sus consejos.

Se toma un somnífero y empieza a dormir.

Cómo mola la química, ahora sí. ¿Por qué hago el gilipo-
llas siguiendo los consejos de un medicucho? La quí-mi-
ca. La quí-mi-ca es lo me-jor. (*Se duerme profundamente*)

Vuelve a despertarse bruscamente en medio de una pesadilla
y grita.

¡Hernández , está usted despedido y no hay más que
hablar! ¡Firme! (*Mira a su alrededor sorprendido y vuelve*
a dormirse)

Oscuro.

SOBREPESO

*Preparando una ensalada muy completita. Mientras, habla
animada y ligeramente en alto.*

Mis problemas con el sobrepeso empezaron cuando me
comí a Javier.

He de reconocer, que muy al contrario de lo que se piensa, a Javier me lo comí por odio y él a su vez debía de
odiarme a mí, a juzgar por la cantidad de *Almax* que tuve
que comprar, eso sin contar con la cantidad de veces que
bloqueaba mi intestino por mucha guarnición que le
echase, así que por aquel entonces el enema también
formaba parte de mi vida.

Es cierto que empecé consumiendo grandes cantidades,
pero pronto me di cuenta de que debía de hacerlo de
forma más esporádica y en cantidades mucho menores.

Tardé casi dos años en volver a encontrar pareja, moti-
vado quizá, como dicen mis amigas, porque cuando se
me acercaba algún tío y me decía algo, yo siempre solta-
ba la misma tontería. —Ojito, que yo a los tíos me los

como —Todas me reían la gracia, pero ellos se quedaban seriotes y bastante descolocados.

Todavía no había acabado de comerme a Javier cuando Juan entró en mi vida. Juan fue el único tío que se rio cuando le largué la frasecita, por cierto, una sonrisa de Judas vista desde el hoy. Yo buscaba cariño, comprensión y un hombre a mi lado, y algo de ello sí tenía… dentro de aquella lista de cuatro polvos semanales que practicaba con distintas necesitadas.

Su cariño y comprensión duraban exactamente lo que tardaba en correrse. He de reconocer que cuando le conocí se me pasó por la cabeza que podría ser el hombre de mi vida y estaba dispuesta a deshacerme de lo poco que me quedaba de Juan, pero… no pude, lo llevaba tan dentro…

Por primera vez empecé a pensar que me había equivocado, que dada mi inexperiencia en el amor no había sabido manejar la situación. Javier habría sido sin duda el hombre de mi vida, ya se sabe que del amor al odio y viceversa hay un solo paso. Sí, Javier era el hombre de mi vida y yo… había acabado con él.

Con Juan la situación se sostuvo un tiempo, follábamos, se corría, comía, se dormía, discutíamos, se iba. Sólo una noche consiguió hacerme ver las estrellas, pero fue lo peor que pudo pasar.

Creo que por primera vez en mucho tiempo dormí a pierna suelta. Él se despertó temprano y con un hambre canina. Ni corto ni perezoso sacó unos filetitos del congelador y se los hizo a la plancha. Cuando entré en la cocina ya era tarde.

Su frase fue:

—¡Qué carne más buena! Ya me dirás en qué carnicería compras.

Aquel don Juan del pene acababa de comerse un buen pedazo del amor de mi vida y encima...

—¿No te importa que me haga un poco más?, tienes de sobra en el congelador.

Juan se me hizo más cuesta arriba que Javier, tenía que comérmelo y comérmelo ya. Javier, el hombre de mi vida tenía que ser mío y de nadie más aunque para ello tuviese que comerme otro maromo entero.

Como tenía la experiencia de Javier, esta vez me tomé el asunto sin prisa pero sin pausa. Reservé lo que quedaba de Javi para las grandes ocasiones y Juan fue cayendo en el modo recomendado, es decir, una o dos veces por semana, sin prisa, pero sin pausa. Y se acabaron los hombres, a partir de ahora, viviría sin amor y sin sexo.

Es curioso lo rápido que te acostumbras a la falta de sexo, es como si se adormeciera, pero el amor... Empecé a pensar que me había precipitado de nuevo, que tendría que haberme acercado más a él y no tomar sólo lo poco que me daba, sí, ya sé que le costaba hablar, que era un ser muy básico, pero seguro que en su corazón había algo más. Me comí su corazón para saberlo, pero no sentí nada especial.

Llevaba nueve meses comiéndome a Juan y ocasionalmente a Javi, cuando al piso de enfrente llegó Pablo, mi nuevo vecino. La cosa más bella, tímida y tierna que hubiese visto jamás, un ser completamente encogido en aquellos casi dos metros de estatura.
Mis contenidas hormonas se agitaron salvajemente dentro de mí. Aquel hombre tenía que quererme porque yo, nada más verle, ya le quería. Por aquel entonces estaba bastante gorda, todo en mí se había ensanchado y mi barriga exhibía unos falsos nueve meses. Por suerte la llegada de Pablo me quitó el hambre de golpe y casi sin pensarlo ya estaba comprando ropa que me favoreciera. Un día me lancé y llamé a su puerta.

—Hola. Disculpa mi torpeza por no haberme presentado antes. Si necesitas cualquier cosa tocas ese timbre y a tu disposición.

—Muchas gracias, igualmente. Respondió.

—¡Ja! Encima era educado.

Pasó el tiempo y sí, al principio yo era la que necesitaba más cosas: el grifo que gotea, la puerta que no cierra, la llave de la luz. ¿Quieres un café? El tío era un manitas tímido y encantador. Sinceramente hacer el amor en sobremesa, después de un café y de haberle comido con los ojos durante todo el rato es una experiencia única.

Empezó a pasar más tiempo en mi casa que en la suya, casi se podría decir que vivíamos juntos.

Una noche, una en la que yo esperaba que viniera, no vino, lo justificó al día siguiente como «juerga de amigos». ¿Amigos? Esa fue la primera de unas cuantas noches. Cada vez que salía, yo, no dormía. Una de las noches decidí averiguar exactamente a qué hora llegaba, así que cogí una silla y me aposté tras la puerta de entrada. Es curioso, en la cama no conseguía dormir y en la silla me traspuse varias veces. En uno de estos despertares, fui a la cocina a por un vaso de agua fría para despejarme y al volver les oí, sigilosos, con risitas calladas.

—No hay que despertar a los vecinos. Decía él.

La odié, era flaca y guapa. Le odié, pero no pude dejar de quererle.

Le esquivé durante una semana, ya no sabía qué excusa ponerle para no verlo, pero al final quedamos. Yo propuse quedar fuera, pero él, viendo que se le venía algo gordo encima, prefirió quedar en casa, porque así estaríamos más tranquilos, y por supuesto el mundo no se enteraría de que me había puesto los cuernos.

Nos sentamos muy formales. Mirábamos hacia todas partes menos a los ojos.

Yo disparé primero, directa, sin balbuceos:

—Rubia, cuatro de la mañana, en tu casa, contigo. ¿Qué tienes que decir?

¿Pero qué les pasa a los tíos? Claro que soy genial y una mujer estupenda, pero, ¿qué es eso de que sólo somos amigos y que en la cuestión sexual yo me llevaba lo mío y él se llevaba lo suyo? ¿Que éramos libres para mantener otras relaciones?

¿Cómo? ¿Cómo?

He aprendido la lección. Le quiero, le quiero con toda mi alma. También está pasando a ser parte de mí, pero esta vez, por si acaso, por si tal vez fuese capaz de darse cuenta de que estamos hechos el uno para el otro, y para no precipitarme, esta vez no mataré. Comeré trocitos de aquí y de allá sin llegar a la mutilación. Quiero darle una oportunidad, me gustaría que pudiese cambiar de opinión antes de verme obligada a hacer un corte… más… drástico.

Sale de escena con un cuchillo. Bajo mordaza, oímos unos gritos terroríficos.

Oscuro.

NÓLOMON Y SÓLOMON

(Los payasos del nuevo existencialismo)

Personajes
Nómolon y Sólomon

Dos payasos blancos, escondidos detrás de las patas derecha e izquierda del escenario. En el centro una colorista caja cúbica de 25x25x25 cm.

Nólomon.- Ya han subido el telón, ¿me oyes?, hay que salir. ¿Estás listo?

Sólomon.- Sí.

Nólomon.- ¿Salimos?

Sólomon.- No.

Nólomon.- ¿Cómo que no?

Sólomon.- No salgo.

Nólomon.- ¿Por qué?

Sólomon.- Porque no.

Nólomon.- ¿Cómo que no?

Sólomon.- ¿Es que no has visto lo que hay ahí?

Nólomon.- ¿Dónde?

Sólomon (*Sacando una mano y señalando*).- La caja, la
   caja que está en el centro del escenario.

Nólomon.- ¿Y por esa mierdecilla no vas a salir?

Sólomon.- ¡Me da miedo!

Nólomon.- ¡Déjate de tontunas y sal!

Sólomon.- ¡No!

Nólomon.- ¡Sal conmigo!

Sólomon.- ¡No!

Nólomon.- Venga, los dos a la vez.

Sólomon.- No.

Nólomon (*Cambiando la voz como si hablase a un niño pequeño*).- Los dos a la vez.

Sólomon.- No.

Nólomon (*Igual que antes pero más musical*).- Los dos a la vez.

Sólomon.- Vale.

Salen los dos payasos. Sólomon mira la caja, pega un grito y se va.

Nólomon.- ¡Vuelve!

Sólomon.- ¡No!

Nólomon (*Se acerca a la caja para cogerla*).- No pasa nada.

Sólomon.- ¡No lo hagas!

Nólomon.- ¡Que no pasa nada!

Sólomon.- ¡Que no quiero que lo hagas!

Nólomon se decide a cogerla. Sale Sólomon dándole un susto.

Sólomon.- ¡Déjala ahí!

Nólomon.- Que no pasa nada, ¡déjame que mire a ver si tiene algo!

Sólomon.- ¡No!

Nólomon.- Si sólo es mirar.

Sólomon.- Sí, pero para mirar tienes que abrirla, así que de ninguna manera.

Nólomon.- ¡Pues lo voy a hacer!

Sólomon.- ¡¡No!!

Nólomon.- Porfi, porfi, porfi, porfi, porfi.

Sólomon.- Nunca he podido resistirme a un porfi, porfi (*mirando la caja*) pero esta vez sí.

Nólomon (*Cantando*).- Lo voy a hacer.

Sólomon (*Cantando*).- Será por encima de mi cadáver.

Los dos se miran fijamente un momento, luego ríen, aprovechando la risa Nólomon coge la caja.

Sólomon.- ¡¡No!!

Nólomon.- Es tarde

Sólomon.- ¡No la abras!

Nólomon.- ¡Sí!

Sólomon.- ¡No!, porfi, por…

Nólomon.- ¡Shist! ¡Que la voy a abrir!

Sólomon.- ¡No quiero mirar! (*Se da la vuelta tapándose y encogiéndose*)

Nólomon (*La abre*).- Está vacía

Sólomon no oye. Nólomon le da un toque en la espalda asustándole.

Nólomon.-¡Que está vacía!

Sólomon.- ¿Vacía?

Nólomon.- Sí.

Sólomon.- ¿Nada?

Nólomon.- Nada, toma, mira.

Sólomon.- ¡No quiero tocarla!

Nólomon.- ¡Pero si no tiene nada! (*Le enseña el hueco y la pone al revés para que caiga el posible contenido*) ¿Lo ves?

Sólomon.- Ciérrala y déjala ahí.

Nómolon.- Vale.

Sólomon empieza a temblar.

Nómolon.- ¿Y ahora qué pasa? ¿Otra vez miedo?

Sólomon.- ¡No sé lo que me pasa, me siento raro!

Nólomon (*Empezando a temblar también*).- ¿Qué pasa?

Sólomon.- No lo sé *(se gira y mira a Nólomon)*, pero de repente siento unas tremendas ganas de matarte.

Nólomon.- Me está pasando lo mismo que a ti, yo también quiero matarte.

Sólomon.- ¿Qué has hecho?

Nólomon.- Abrir una caja.

Sólomon.- ¡Has liberado el mal!

Nólomon.- ¡La caja estaba vacía!

Sólomon.- El mal es invisible, noto cómo entra dentro de mí, es un cosquilleo que sube desde las plantas de los pies y hace hormiguear mi cabeza. ¡Voy a matarte, voy a estrangularte, voy a degollarte, te arrancaré las vísceras!

Nólomon.- ¡Te abriré la cabeza, te clavaré un cuchillo, te partiré en dos! (*Pisa la caja aplastándola*) ¡Te destrozaré, te destrozaré, te destrozaré!

Sólomon.- ¿Qué has hecho? ¡Voy a matarte!

Nómolon.- ¡Te arrancaré los brazos, te cortaré la cabeza!

Sólomon.- ¡Has destrozado la caja! ¡Te sacaré los ojos!

Nólomon.- ¡Te meteré una bomba por el culo, te envenenaré, te haré picadillo con un hacha!

Sólomon.- ¡No podremos volver a guardar el mal! ¡Voy a destrozarte, te congelaré y te romperé a golpes de martillo!

Nólomon.- ¿A quién le importa el mal? ¡Vas a morir, te mataré con mis propias manos!

Sólomon.- Yo sí que voy a matarte a ti.

Se lanzan el uno sobre el otro y empiezan a estrangularse.

Nólomon.- ¡Voy a apretar tu garganta hasta que se te salgan los ojos!

Sólomon.- Voy a estrangularte tan fuerte que te pisarás la lengua con la suela del zapato.

Nólomon (*Ahogándose*).- ¡Muere!

Sólomon (*Ahogándose*).- ¡Muere tú!

Nólomon (*Ahogándose*).- ¡Espera!

Sólomon (*Ahogándose*).- ¡¿Qué?!

Nólomon.- Si nos matamos el mal se acaba.

Sólomon.- El mal ya se habrá expandido por el mundo.

Nólomon.- Eso desde luego, pero si nos matamos ya no podremos hacer el mal.

Sólomon.- ¡Qué ganas tengo de matarte, pero qué razón tienes!

Nólomon.- ¡Yo te arrancaría la cabeza, te rompería los dientes, haría un tendal con tu intestino, pero tienes razón, si nos matamos ya no podremos hacer el mal.

Sólomon.- ¡Aunque me muera por matarte, va a ser mejor que hagamos el mal cada uno por su lado!

Nólomon.- ¡Matar, destruir, destrozar, quiero matarte, pero tienes razón!

Se enfrentan, nariz contra nariz.

Sólomon.- ¡Saldré y mataré y destrozaré a todo el mundo, y cuando haya acabado te buscaré y te mataré a ti también!

Nólomon.- ¡Yo también mataré a todo el mundo y cuando acabe te buscaré también, y te mataré, y si puedo lo haré por la espalda, riéndome!

Se quedan enfrentados unos segundos.

Sólomon.- ¿Salimos?

Nólomon.- Voy a buscar una chaqueta, llevar el mal dentro da frío. ¿Te traigo la tuya? ¡Te mataría, te mataría, te mataría!

Sólomon.- ¡Y yo te mataría a ti, te mataría a ti! Acércamela por favor.

Nólomon sale. Sólomon aprovecha y coge un cuchillo de payaso, muy colorista y cortante. Entra Nólomon con su chaqueta ya puesta y la otra en la mano.

Nólomon.- ¡Te mataría, te estrangularía! Toma tu chaqueta.

Sólomon (*Poniéndose la chaqueta*).- ¡Te arrancaría la piel, te quemaría el corazón!

Nólomon aprovecha el momento para clavarle un cuchillo. Sangra.

Nólomon.- Te dije que lo haría.

Sólomon muriéndose saca su cuchillo y se lo clava en la espalda mientras se ríe.

Sólomon.- Te lo dije, por la espalda y a carcajadas.

Nólomon (*Muriendo*).- Lástima, ahora ya no podremos salir a hacer el mal.

Sólomon (*Muriendo*).- No te preocupes, el mal no muere con nosotros.

Nólomon.- Me está dando la risa.

Sólomon.- A mí también.

Mueren riendo.

Oscuro.

DE HOY NO VA A PASAR

Personajes
Merce
Gaby

Dos amas de casa ya maduras se encuentran en un parque. Merce está sentada tranquilamente en el banco, a su lado el carrito de la compra completamente cargado. Aparece Gaby.

Gaby.- ¡Qué sorpresa! ¿Tú también has escapado de nuestras ruidosas calles?

Merce.- Cuando hace bueno prefiero venir por aquí. Es más largo, pero con tiempo descansas un rato, disfrutas del sol y la mañana, y luego a casita con otra energía.

Gaby.- ¡Qué raro verte sin el Domi a tu lado!

Merce.- Déjale, que falta me hace un respiro.

Gaby.- ¿Hoy no te ha acompañado?

Merce.- Le dejé enganchado a la tele. Le dije: me voy. Y él me dijo: espera un momento que acabe esto. Y yo le dije: no te espero que se me hace tarde. Y me largué. ¿Y el tuyo por dónde le has dejado?

Gaby.- Mimetizándose con el sofá. A veces sueño que llego a casa, le llamo y no contesta. Voy a la sala, la tele está encendida, pero él no está, me acerco al sofá y veo que ya no tiene asiento, en su lugar hay un agujero infinito, que como poco debe de llevar al centro de la tierra. Pienso que con lo atontado que anda Pepe seguro que se ha caído por ahí. Miro y allí está él, unos metros más abajo agarrado a unas rocas salientes. Me grita: ¡Gaby, Gaby ayúdame! En ese momento me fijo en que al sofá le ha salido una manilla, como de retrete, tiro y una enorme cascada cae por el agujero arrastrando todo a su paso. El sofá recupera entonces su forma normal y yo me despierto.

Merce.- Vaya sueño.

Gaby.- El cansancio que llevo encima es lo que me produce estas pesadillas.

Merce.- ¿Tan mal está?

Gaby.- La vesícula no muy bien, y del temblequeo de la mano prefiero no hablar.

Inician una competición en base a qué marido está peor. In crescendo.

Merce.- El mío está peor. Le han dicho que el corazón va a requerir una intervención drástica.

Gaby.- Oye, que el mío lleva marcapasos desde hace años.

Merce.- Sí, pero no le falta medio intestino como al mío.

Gaby.- No, pero le falta un trozo de esófago que es peor, porque como tiene que comer a todas horas no puedes permitirte la nevera vacía, y encima todo blandito para que el señor no sufra.

La competición deriva en competir con sus propios males. Continúa el crescendo iniciado.

Merce.- Sí, pero tú no tienes la artrosis que yo tengo, ni padeces de descalcificación y migrañas. Tú todavía puedes.

Gaby.- Que te enteres que sólo me funciona medio riñón, Tengo tres hernias en la espalda y no tengo bazo, que me lo quitaron el mes pasado.

Merce.- Pues yo tengo síndrome de Harper.

Gaby.- Y yo de Mess.

Merce.- Tengo el tendón del hombro roto.

Gaby.- Y a mí me han hecho infiltraciones en el hombro y en la cadera. ¿De qué crees tú que puedo andar si no? Además, tengo principio de cataratas y tienen que quitarme un quiste así, (*muestra el tamaño con la mano*), así de gordo de las cervicales.

Merce.- ¡Basta! No aguanto más. Ninguna vecina puede tener más enfermedades que yo. No lo consiento. (*Saca una navaja*).

Gaby.- (*Sacando otra navaja*) ¿Pues sabes qué te digo…? Que la mía es más grande y mejor porque es de Albacete. Venga, atrévete, que vamos a ver quién tiene el brazo más largo.

Merce.- A ti, prefiero ni acercarme. Además no lo necesito. ¡A que te saco el cuchillo del jamón! ¡Vas a ver! ¡Vaya, me lo he dejado en casa! ¡No importa! ¡Te vas a enterar! (*Saca un tremendo pistolón*) A ver, ¿qué tienes que decir ahora?

Gaby.- ¿Qué te crees? ¿Que eres la única que está preparada para estos tiempos? (*Saca otro pistolón*) Completamente automática, en tres segundos te dejo como el queso ese de los agujeros, que ahora no me acuerdo cómo se llama.

Merce.- Me obligas a emplearme al máximo, pero no me importa. Tengo recursos. (*Saca una escopeta de cañones recortados*) Venga, ya puedes empezar a correr.

Gaby.- Tú sí que vas correr. (*Saca un fusil*)

Merce.- ¿A qué esperas para usarlo?

Gaby.- A oír el roce de tu dedo contra el gatillo.

Merce.- ¡Ja, si estás más sorda que yo! Y eso sí que es verdad. (*Sacándose el aparato del oído*) No te lo dije, me han puesto aparato nuevo y acabo de ponerlo a máxima potencia.

Gaby.- ¡Te voy a matar!

Merce.- ¡Yo te mataré primero!

Silencio.

Gaby.- ¡Oye!

Merce.- ¿Qué?

Gaby.- ¿Puedo hacerte una pregunta antes de que nos matemos?

Merce.- Tú dirás.

Gaby.- ¿Dónde has comprado la escopeta de cañones recortados?

Merce.- En una armería del centro.

Gaby.- Es muy bonita. Te alabo el gusto.

Merce.- Gracias.

Gaby.- La culata debe ser de abedul, ¿no?

Merce.- Es de nogal.

Gaby.- ¿De nogal?

Merce.- Sí.

Gaby.- Ya me parecía a mí que el abedul no daba un veteado con tantos matices.

Merce.- Pues eso que no le has visto las incrustaciones. Nácar.

Gaby.- ¿Nácar? Déjame ver.

Merce.- Toma.

Gaby.- Es fantástica. Qué suave la culata, ribeteada en nácar. ¡Cómo brilla! ¡Y con mira telescópica!

Merce.- Me gusta afinar.

Gaby.- Con esto, como te mosquees con alguien le mandas para el otro barrio sin darte a conocer.

Merce.- Exactamente.

Gaby.- Siempre tuviste un gusto estupendo. En cambio yo, ya ves. (*Le enseña el fusil*)

Merce.- ¿De dónde has sacado eso?

Gaby.- Lo compré por Internet. Yo hubiera cogido otra cosa, pero no te creas que había mucho donde elegir. Todo muy sofisticado y muy feo.

Merce.- Tengo que llevarte a esta armería. Te va a encantar. Además el chico que atiende es estupendo. Sabe orientarte para que elijas el arma que mejor va contigo. De hecho tengo que ir, voy a deshacerme de la pistola, es demasiado vulgar.

Gaby.- Yo debería deshacerme del fusil. Cuando llevas el carro vacío va bien, pero a la vuelta es como que te dobla el peso y vas *reventá*. ¿Tú crees que podría cambiarlo por algo más adecuado?

Merce.- Seguro. Además por un cacharro tan grande puede que te haga un buen descuento. ¿Qué te parece si quedamos esta misma tarde?

Gaby.- Perfecto.

Merce.- Pues quedamos así. Le digo a Domi que voy de compras por la tarde con las amigas y así me escaqueo otro rato.

Gaby.- Gracias. Y perdona por lo de antes.

Merce.- No tiene importancia, a veces el estrés nos juega estas malas pasadas, menos mal que esta tarde podremos relajarnos un rato juntas.

Gaby.- Sí.

Cogen los carros y se van.

Merce.- Por cierto, ¿qué vas a ponerte?

Gaby.- Creo que el vestido rosa, me apetece ponerme
guapa, estoy harta de vestir siempre a lo práctico.

Merce.- Pues las dos con vestido, que a mí también me
apetece.

Gaby.- ¿El verde?

Merce.- ¿El verde...?

Gaby.- Sí, el verde estará bien.

Merce.- ¿¡El verde!?

Gaby.- El verde.

Merce.- Está bien. Entonces hasta la tarde.

Gaby.- Hasta la tarde.

Merce se gira, saca el revólver y dispara matándola.

Merce.- Siempre tenía que ser la mejor, pero de hoy no iba a pasar.

Oscuro.

COMIDIOTAS

DETERGENTE *SPLAX*

Personajes
Carmiña
Tentempie
Nervi

Tres señoras anuncian un nuevo producto de limpieza: detergente «Splax».

Tentempie.- (*Cantando*) ¡La publicidad!

Carmiña.- (*Cantando*) ¡La publicidad!

Nervi.- (*Cantando*) ¡La publicidad!

Carmiña.- Sí queridas amigas, hoy queremos presentaros un nuevo y fantástico producto.

Las Tres.- (*Sacan un envase cada una*) ¡Detergente *Splax*!

Tentempie.- El que lava más.

Carmiña.- El que limpia más.

Nervi.- El que abrillanta más.

Tentempie.- (*Poniéndose unas gafas de sol*) ¡Y cómo!

Carmiña.- Amiga mía, el que vela por tu economía.

Tentempie.- Sin competencia en el mercado.

Carmiña.- *Splax* es un detergente líquido que se presenta en un cómodo envase que cabe en cualquier espacio.

Nervi.- ¡Limpia!

Carmiña.- ¡Lava!

Tentempie.- ¡Abrillanta!

Carmiña.- (*Poniéndose unas gafas de sol*) ¡Y cómo!

Nervi.- Una gota de *Splax* en el cubo de la fregona y tus suelos quedarán limpios y relucientes.

Carmiña.- Una gota de *Splax* en tu bayeta y tus azulejos brillarán como nunca.

Tentempie.- Un taponcito de *Splax* en tu lavadora y tu ropa quedará limpia y fresca.

Las tres.- ¡*Splax* el detergente, tu detergente, mi detergente!

Nervi.- Pero… ¿Qué hacer mientras se seca tu suelo?

Tentempie.- ¿Tus paredes?

Carmiña.- ¿O acaba el programa de la lavadora?

Nervi.- Presentamos *Splax*, el único detergente que no sólo limpia, también puede beberse, ya que es absolutamente biodegradable.

Se sirven unos chupitos de Splax usando los tapones del detergente.

Tentempie.- Mientras se seca el suelo de la cocina.

Todas.- (*Brindando*) ¡*Splax*!

Vuelven a servirse.

Carmiña.- Mientras se secan las paredes del cuarto de baño.

Todas.- (*Brindando*) ¡*Splax*!

Se sirven de nuevo.

Nervi.- Mientras finaliza el programa de la lavadora.

Todas.- ¡*Splax*!

Tentempie.- (*Un poco piripi*) ¡*Pa* empujar el bocadillo!

Carmiña y Nervi.- ¿*Pa* empujar el bocadillo?

Tentempie.- ¡Sí!

Todas.- ¡Pa empujar el bocadillo! ¡*Splax*!

Carmiña.- (*Con hipo*) ¡*Pa* quitar las penas!

Tentempie.- ¡Sí!

Todas.- (*Brindando*) ¡*Splax*!

Nervi.- ¡*Pa... pa... pa* no sé qué!

Todas.- (*Con risas y piripis. Brindando*) ¡*Pa* no sé qué!

Carmiña.- (*Piripi total*) ¡*Splax*! ¡El detergente que emborracha más!

Nervi.- No, no… es el que limpia más, el que limpia.

Tentempie.- ¡Qué más da! (*Se pega otro chupinazo*)

Nervi.- Pues yo quiero más. (*Coge el de Tentempie ya que el suyo se ha acabado*)

Tentempie.- ¡Eh!

Carmiña.- Venga, a la de tres, con cautela, que no se note. Una…, dos…, tres…

Todas.- ¡*Splax*! ¡Es lo más!

Tentempie.- Vaya moña que me he pillao con el *Splax* este dichoso.

Nervi.- ¿Tú sola?

Tentempié.- ¿Es… *esh… esh*tá bien bueno verdad?

Carmiña.- ¡Y pega que te cagas! (*Resbalando*) ¡Leñe que me escoño!

Nervi.- *Splashs esh lo mash.*

Tentempie.- Lo *mashchimo*. Es lo *mashschimo*.

Carmiña.- *Esch* la pera. ¡La pera *porompompera!*

Todas.- *(Entradilla de «Mi carro me lo robaron»)* Poropompon, poropo, poronpompera perón, poropo, poropompera perón, poropo poropopó.

Oscuro.

MORIR DESPUÉS DE HABER COLGADO

Basado en hechos reales

Personajes
Felisa Echegoyen
Un vendedor
Voces off. 1 y 2

Felisa es una profesora muy atareada, está en su casa corrigiendo un montón de exámenes. Llaman por teléfono. Descuelga.

Felisa.- (*Incómoda*) ¿Sí?

Off 1.- ¿Es usted doña Felisa Echegoyen Castanedo?

Felisa.- Sí.

Off 1.- Buenos días, le llamo de *Movistar*, queríamos ofrecerle un nuevo servicio que…

Felisa.- No me interesa. Gracias. (*Cuelga y vuelve a su tarea*)

Nuevamente suena el teléfono.

Felisa.- (*Con mosqueo*) ¿Dígame?

Off 2.- ¿Hablo con doña Felisa Echegoyen Castanedo?

Felisa.- Sí.

Off 2.- ¿Podría decirme el nombre de la empresa con la que tiene contratado el servicio eléctrico?

Felisa.- Creo que es *Iberdrola*.

Off 2.- Correcto doña Felisa. Ahora la estamos llamando desde *Endesa* para ofrecerle….

Felisa.- *Endesa* no me interesa. Gracias. (*Cuelga y retoma su labor*)

Suena el móvil.

Off 1.- ¿Doña Felisa Echegoyen?

Felisa.- (*Cabreada*) Castanedo.

Off 1.- ¿Cómo?

Felisa.- ¡Cómo, no!, comido, que se ha comido el Castanedo.

Off 1.- ¡Ah! Sí, usted perdone. Mire, le llamo de *Vodafone*.

Felisa.- Como si me llama desde Marte, que creo que ya hay una colonia. (*Cuelga, y una vez más retoma sus tareas*)

Vuelve a sonar el teléfono.

Off 2.- ¿Felisa Echegoyen Castanedo?

Felisa.- Sí.

Off 2.-Le llamo de *Jazztel*.

Felisa.- ¡Ahora no puedo atenderle, estoy atracando el Banco de España!

Off 2.- ¡Ah!, usted perdone, llamaré un poco más tarde.

Felisa.- ¡No!, ¡no me llame…! ¡Oiga…! ¡Oiga!

Nueva llamada.

Off 1.- ¿Doña Felisa Echegoyen Castanedo?

Felisa se queda en silencio un par de segundos.

Off 1.- Por favor, ¿doña...?

Felisa.- Doña Felisa Echegoyen Castanedo acaba de fallecer hace cinco minutos.

Off 1.- Usted perdone. Le acompaño en el sentimiento.

Felisa.- (*Compungida*) Muchas gracias. (*Cuelga*) ¡Toma! ¡Qué fuerte, acabo de matarme a mí misma!

Felisa está contenta. Una vez más suena el teléfono.

Off 2.- ¿Doña Felisa...?

Felisa.- (*Cortándole. Sobria*) Doña Felisa Echegoyen acaba de fallecer hace cinco minutos.

Off 2.- Cuánto lo sentimos, usted perdone. (*Cuelgan*)

Felisa.- ¡Bien!

Felisa deja de corregir, pone el móvil y el teléfono de casa juntos y espera ansiosa una nueva llamada. El teléfono vuelve a sonar.

Off 1.- Buenos días. ¿Es el domicilio de doña Felisa Echegoyen Castanedo?

Felisa.- Sí, (*sollozando*) pero doña Felisa Echegoyen acaba de fallecer.

Off 1.- Sí, ya lo sabemos. Le acompañamos en el sentimiento.

Felisa.- ¿Lo saben?

Off 1.- Sí, sí. Precisamente le llamamos de *Interfunerarias* para ofrecerle nuestros servicios. ¿Es usted familiar de la finada? (*Felisa asustada, cuelga bruscamente*)

Felisa.- ¡Esto no es real, no puede ser real, es un sueño, estoy soñando!

Vuelven a llamar. Felisa pega un salto del susto y lo coge muy nerviosa.

Felisa.- ¿Sí…?

Off 2.- Buenos días. Le acompaño en el sentimiento. Mire, le llamo de floristería *La siempre viva*, tenemos muy buenas ofertas y quisiéramos saber si estaría interesada en algún ramo o corona para la familia o amigos. (*Vuelve a colgar*)

Felisa.- ¡Ha dicho corona!, ¡corona!

Llaman a la puerta. Abre.

Vendedor.- Buenos días. (*Le coge la mano*) La acompaño en el sentimiento. Me envían de *Interfunerarias*. La empresa desea ahorrarles el trámite de ir a la nave a escoger el ataúd, así que me envía con este catálogo en el que podrán encontrar todos los modelos que tenemos disponibles, y por supuesto también nuestros precios.

Felisa, desde que el vendedor ha empezado a hablar no hace más que decir: no, no, no... Le está dando un patatús.

Felisa.- ¡Yo sólo quería que me dejasen en paz...! (*Finalmente muere en brazos del vendedor*)

Vendedor.- ¡Señora... señora!

Vuelven a llamar, lo coge el vendedor.

Vendedor.- Sí.

Off 1.- ¡Le habla la Policía, lo tenemos rodeado!

Vendedor.- Pero, oiga, que yo no he hecho nada.

Off 1.- Eso se lo va a decir al cadáver que tiene a sus pies.

Suena una sirena.

Vendedor.- ¡Vaya, hoy no es mi día!

Oscuro.

ARRIBA LA BANDERA

Escrito con la colaboración de Miguel Gaván

Personajes
Ramona
Rogelio
Dorotea
Doctor

Consulta de médico.

Enfermera.- Dime que la dejas.

Doctor.- No es tan fácil.

Enfermera.- Es ella o yo.

Doctor.- No te pongas así. Ahora no. Luego lo hablamos.
Anda, sal y ve llamando a los pacientes, que vamos
con retraso.

Enfermera.- Pero es que…

Doctor.- Venga.

Enfermera.- Está bien.

Sale la enfermera.

Enfermera.- Rogelio Martín Piñeiro.

Rogelio se ha dormido, Ramona, su mujer le despierta.

Ramona.- (*A gritos*) Sí, sí, aquí. (*Empujando a Rogelio*) Rogelio, Rogelio, Rogelio, despierta *condenao*, que se nos pasa la vez.

Rogelio se despierta.

Rogelio.- (*Adormilado*) ¿Qué pasa...?

Ramona.- ¿Qué pasa? ¿Qué pasa? ¿Qué pasa...? Que *tas dormío* como un ceporro, como siempre. ¡Venga tira!, que nos van a correr la vez.

Ramona arrastra a Rogelio tirando de él.

Enfermera.- Muévanse, que no tenemos todo el día...

Ramona.- ¡Ya va, ya va! ¡Pero écheme una mano mujer!, no se quede ahí como una pasmada, no ve que el pobre hombre no puede.

Por fin se sientan, entra el doctor.

Doctor.- Buenos días, ¿quién de ustedes es el paciente?

Ramona.- ¿Cómo que quién es el paciente?, ¿Cómo que quién es el paciente? ¿Es que no ve la cara de acelga que tiene este?

Doctor.- ¡Ajá! ¿Y el señor es...?

Rogelio intenta responder pero ella le corta.

Ramona.- Rogelio Martín Piñeiro, *conocío* popularmente por el *atontao*.

Doctor.- Bien, pues explíqueme don Rogelio.

Rogelio intenta hablar, pero ella vuelve a cortarle.

Ramona.- Verá usted doctor, el caso es que el otro día se empeñó en cambiar la tele de sitio, porque dice que donde está le da el reflejo de la ventana y no ve nada, y yo le digo.... ¡Pero qué puñeta quieres ver, si con las cataratas que tienes no ves ni un camión que se te eche encima!

Doctor.- Señora... le importaría dejar que sea su marido quien se explique. Caballero, hable usted por favor.

Ramona.- Y entonces... ¿*Pa* qué he *venío* yo?

Doctor.- ¡Señora!

Ramona.- ¡Vale, vale! Venga tú, habla, que me *ties* contenta.

Rogelio.- Verá doctor…yo...

Ramona.- Que se pasa la vida diciendo que le hago trabajar mucho. Yo… yo…. Una sufridora doctor, *to* el día sacrificada por culpa de este y así me lo paga. *Desgraciao* (*Le atiza en el hombro*) ¡Ay! Si mi madre levantara la cabeza...

Doctor.- ¡Quiere hacer el favor de dejarle hablar a él!

Ramona.- Vale...

Rogelio.- Doctor... que yo ya no estoy para estos trotes... que me rompo...

Ramona.- ¡Que se rompe, que se rompe!, que lo que tiene es un dolor aquí. (*Le presiona en un costado, Rogelio se retuerce de dolor quedándose tieso*)

Rogelio.- ¡Aayyy!

Ramona.- ¿Ve...? Justo aquí... (*Vuelve a presionar*).

Rogelio.- ¡Aayyy!

Ramona.- Que cuando le da, le pega como un calambre que le va como de menos a más, y allí donde le pega se queda tieso como la mojama. (*Le atiza otra vez*) Así, ¿lo ve?, y claro se le va la... la...

Doctor.- ¿La qué...?

Ramona mira desconfiada hacia un lado y hacia otro para a continuación señalar nerviosa hacia la entrepierna de Rogelio.

Ramona.- (*Susurrando*) Se le va eso...

Doctor.- ¿El qué...?

Ramona.- ¿No me entiende doctor...? Se le va... Que se le baja el soldado, la bayoneta, la pica de Flandes, la vela, el cirio. ¿¡Doctor!? La varita de dar gusto, que ya no da gusto ni da *ná*.

Doctor.- Ya entiendo... ya entiendo... me está usted diciendo que este dolor le viene mientras ustedes hacen deporte de cama y claro, al señor se le va la concentración.

Ramona.- Es bueno el doctor, es bueno. Mira cómo *ta pillao* a la primera Rogelín.

Rogelio.- (*Mirando hacia arriba*) No te caeré yo en gracia *pa* que me des el pasaporte cuanto antes.

Ramona.- Rogelio, cállate, no seas pesimista, seguro que el doctor conoce algún remedio.

Doctor.- Pues mire usted por dónde, la ciencia avanza que es una barbaridad. ¿Han oído ustedes hablar de las pastillitas azules?

Ramona.- No.

Doctor.- Pues son unas pastillitas que levantan muy bien el ánimo.

Ramona.- ¿Lo levantan, doctor?

Doctor.- Lo levantan, efectivamente. Además, acabamos de recibir una nueva versión altamente sofisticada que también regenera, revitaliza, y rejuvenece, todo en una única toma. ¿Quiere una prueba?

Ramona.- ¡Una prueba quiero! ¡Sisisisisí! ¡Claro que la quiero!

Doctor.- Enfermera.

Enfermera.- Sí. doctor.

Doctor.- Por favor traiga una pastilla de *Revital Plus* y un vasito de agua para el señor.

Rogelio.- Yo por mí... casi...

Ramona.- ¡Te callas, te la tomas y no se hable más!, si sabré yo lo que es bueno *pa* ti.

Rogelio cierra la boca resistiéndose a tomar la pastilla, pero Ramona le atiza en el punto de dolor. Aprovechando que grita y se queda tieso la enfermera le mete la pastilla.

Ramona.- Doctor, que la pastilla sea azul no quiere decir que la cosita se le vaya a poner azul ¿verdad?

Doctor.- No mujer, por supuesto que no.

Rogelio se empieza a sentir mejor, el bastón acompañado de la música de «2001 Odisea espacial» sube hasta quedarse erecto, entonces se deshace del bastón, se incorpora, sonríe y se quita la gorra y la chaqueta. Todo ello acompañado por la música de «2001 Odisea espacial».

Ramona.- ¡Rogelio!

Rogelio.- ¿Qué ven mis ojos?, una pobre viejecita achacosa, pobrecilla. Cuídela mucho doctor, porque lo que es yo... (*Mira a la enfermera, y la enfermera le mira a él*) me marcho con esta estupenda mujer a... ¿la selva?

Enfermera.- Claro, churri.

Se van agarraditos.

Rogelio.- (*A la enfermera*) Por cierto cariño, ¿te he dicho que tengo un plan de pensiones «first class», todavía intacto?

Enfermera.- ¡Ay mi papichulo, qué lindas cositas me dice!

Ramona.- ¡Mi marido!

Doctor.- ¡Mi enfermera!

Ramona sale detrás de él.

Ramona.- Rogelio, Rogelio… ¿A dónde vas puñetero?, pero tonto el haba, ¿qué vas a hacer tú sin mí?

Doctor.- Dorotea, por favor, vuelve, te... te doblo el sueldo, Te regalo el chalé. Me divorcio, seré sólo tuyo, por favor, vuelve, por favor…

Ramona mira al doctor sorprendida.

Doctor.- Cada uno con lo suyo. ¿Vale?

Enfermera.- Ese plan de pensiones que tienes… ¿De cuánto es?

Rogelio.- 500.000 *euracos.*

Enfermera.- ¡Ay, pero qué relindo que eres!

Salen.

Ramona.- ¡Rogelio!

Doctor.- ¡Dorotea!

Oscuro.

NO HACE FALTA QUE LO DIGAS

Personajes
Eufemia
Martina
Remedios
Cadencio

Tres mujeres salen con sus sillas a disfrutar una tarde de sol.
Cada una lleva algún tipo de labor: calceta, ganchillo, costura.

Entra Eufemia y se sienta.

Entra Martina.

Martina.- Buenas.

Eufemia.- Ya tardabas.

Martina.- Es que…

Eufemia.- No hace falta que lo digas

Martina.- Está buena tarde.

Eufemia.- Muy buena.

Martina.- Por cierto, ¿sabes lo de…?

Eufemia.- ¿No me digas que…?

Martina.- Sí.

Eufemia.- ¿No te lo estás inventando?

Martina.- No.

Eufemia.- ¡Lo que hay que ver!

Martina.- Clavadito, como un reloj.

Eufemia.- ¿Y…?

Martina.- Te lo puedes imaginar.

Eufemia.- No me hace ni falta.

Martina.- Pues yo tuve mis dudas.

Eufemia.- Porque tú eres así, pero yo lo vi bien claro desde el primer momento. ¡Estos ojitos!, ¿ves estos ojitos? ¡A estos ojitos no se les engaña!

Martina.- Es verdad, a ti nunca se te escapa nada.

Eufemia.- Es que estoy bien despierta (*entra Remedios*), no como otras que parece que estiran la siesta hasta última hora de la tarde.

Remedios.- Buenas.

Eufemia y Martina.- Ya tardabas.

Remedios.- Es que…

Eufemia y Martina.- No hace falta que lo digas.

Remedios.- (*Sentándose*) Hace buena tarde.

Martina.- Sí, muy buena.

Eufemia.- Un poco más y te la pierdes.

Eufemia y Martina ríen suavemente.

Remedios.- Es que estaba…

Eufemia y Martina.- Que no hace falta que lo digas.

Remedios.- Pues nada, me callo, que callada se está más a gusto.

Pausa. Todas se centran en sus labores.

Martina.- ¿Se lo decimos…?

Remedios.- ¿Decirme el qué?

Eufemia.- Venga, díselo que si no revientas.

Martina.- No, díselo tú.

Eufemia.- Te cedo el privilegio. Venga, díselo.

Martina.- ¿Sabes lo de…?

Remedios.- ¿Lo de qué?

Eufemia.- Lo de… (*Le hace un gesto con la mano que no tiene ningún significado*)

Remedios.- Lo de… ¿Lo de qué?

Martina.- Pero bueno, mujer, siempre tan lenta. Lo de… (*Otro gesto sin significado*) Ya sabes… ¿No? Lo de aquello que te conté… el otro día.

Remedios.- Ah… ¡Ah sí! Sí, sí. ¿Y qué ha pasado?

Eufemia.- Pues lo que nos temíamos.

Martina.- Clavadito como un reloj.

Remedios.- (*Sorprendida*) ¿Como un reloj?

Eufemia.- En punto y no digo más.

*Entra Cadencio, que sin acercarse agudiza el oído para saber
de qué hablan las mujeres, pero no entiende nada, no consigue
saber a qué se refieren.*

Remedios.- ¿Y cómo lo habéis sabido?

Martina.- Porque esta tiene un ojo, que donde mira atina.

Eufemia.- En cambio aquí la amiga Martina dice que no
lo tuvo tan claro. ¡Ja, a mí me la iban a dar, pues
buena soy yo!

Martina.- Yo es que no sé, a veces veo las cosas de otra
manera.

Remedios.- A mí me pasa lo mismo.

Eufemia.- ¡Ja! Buenas estáis las dos, no me extraña que
nunca os enteréis de nada.

Martina.- ¡Oye, que lo otro lo destapé yo!

Eufemia.- Te recuerdo que con ayudita.

Martina.- Bueno, qué importa. El caso es que ahora lo que hay es lo que hay, ¡y caray con lo que hay!

Eufemia.- ¡Eso digo yo!

Remedios.- O sea, ¿que el pastelito es fino?

Eufemia.- ¡De montar nata hija, de montar nata, que te lo digo yo!

Remedios.- Caray.

Cadencio, que no ha conseguido entender nada se hace visible interrumpiendo la conversación.

Cadencio.- Buenas tardes.

Eufemia, Martina y Remedios.- Buenas tardes.

Remedios.- ¡Ah!, eres tú.

Cadencio.- Sí, soy yo. Perdonen, digo yo que si no les importa que me lleve a mi señora un rato. El médico nos ha aconsejado una hora de paseo diario y hoy empezamos.

Eufemia.- Aquí cada uno es libre de hacer lo que quiera, y más si lo ordena el médico.

Martina.- ¡Venga, a pasear, parejita!

Cadencio.- Hasta luego.

Remedios.- Hasta dentro de un rato.

Se alejan unos pasos.

Cadencio.- Por cierto, ¿de qué hablabais? No he entendido nada, y mira que llevo un buen rato escuchando.

Remedios.- No me preguntes, que no tengo ni idea. En este pueblo se habla todo tan en secreto que una nunca se entera de nada, y menos con estas.

Cadencio.- Pues parecía como si estuvieses al tanto de todo.

Remedios.- Les sigo la corriente. Vale más hablar sin saber de qué estás hablando a que acaben hablando de una. Menudas son. Anda, vamos.

Se alejan. Eufemia y Martina vuelven a sus labores en silencio, hasta que Martina pregunta.

Martina.- ¿Y a estos por qué les habrá mandado el médico tanto paseo?

Eufemia.- ¿Te lo digo?

Martina.- ¿Lo sabes?

Eufemia.- ¡Pues claro! Acércate. (*Susurrando*) Porque él tiene aquello…

Martina.- ¡Ah! No me digas.

Eufemia.- Y ella… ella tiene lo otro.

Martina.- ¡Qué fuerte! ¡No lo sabía!

Eufemia.- No, si para cuando tú te enteras, el muerto ya está en la fosa.

Oscuro.

MADRE On –Off

Personajes
Enfermera
Eliodora
Madre
Doctora

Consulta del médico. Sala de espera.

Enfermera.- Eliodora López.

Eli.- Sí. Yo.

Enfermera.- Ya puede pasar.

Eli.- Gracias. Vamos, mamá. (*Al levantarla toca a su madre en el hombro izquierdo, esta se pone a cantar, le da un golpe en el derecho y para*)

Doctora.- Buenas tardes.

Eli y su madre.- Buenas tardes, doctora.

Doctora.- Bien, ustedes dirán…

Eli.- Pues aquí mi señora madre, que el otro día le dio por subirse a una escalera, con lo prohibido que se lo tengo, y se cayó.

Doctora.- ¿Fue una caída aparatosa? ¿Se hizo daño?

Eli.- Bueno, en realidad estaba a punto de subir el primer peldaño. Yo que la veo y le pego un grito: ¡madre, no! y con el susto se fue contra la pared y se dio un buen coscorrón en la cabeza.

Doctora.- ¿Fue por Urgencias? ¿Le hicieron una resonancia?

Eli.- No, no hizo falta, apenas si se hizo un chichoncito.

Doctora.- ¿No perdió el conocimiento en ningún momento?

Eli.- No, no.

Doctora.- Entonces… ¿Han venido a consulta por un chichoncito?

Eli.- No, no. Verá, lo que pasó fue que al cogerla empezó a cantar, así. (*Le da un golpe en el hombro izquierdo, la madre empieza a cantar «Ojos verdes»*)

Doctora.- Bueno, Conchita Piquer era de su época.

Eli.- Sí, pero el problema es que no paraba, y cuando llegaba al final volvía a empezar.

Doctora.- Entonces se la llevaría a Urgencias. ¿No?

Eli.- Eso iba a hacer, pero, justo en ese momento le di un toque en el hombro izquierdo diciendo «Mamá para» y paró. Así, ¿ve? (*Golpea el hombro derecho a la madre y esta deja de cantar*)

Doctora.- Bien, bien, pues me alegro de que no haya sido nada.

Eli.- No lo ha entendido, doctora.

Doctora.- ¿Entender el qué?

Eli.- Que cuando le toco el hombro izquierdo canta (*Lo toca. La madre canta*) y cuando le toco el derecho para. (*Lo toca y ella para*) ¿Lo ve? (*Toca repetidamente ambos hombros*) Canta. Para. Canta. Para.

Doctora.- Me toman el pelo.

Eli.- Pruebe usted.

La doctora prueba. Le da un toquecito y la madre empieza a cantar.

Doctora.- ¿Y dice que no para?

Eli.- No, no parará hasta que le toque en el hombro derecho. El primer día estuvo cantando durante horas. Me tenía loca. ¿Verdad, mamá?

La madre no contesta. La doctora le da un nuevo toque en el hombro derecho. La madre calla.

Doctora.- ¡Enfermera!

Enfermera.- Sí doctora.

Doctora.- Enfermera, dele un suave toque a esta señora en el hombro izquierdo. (*La madre canta*) Dele otra vez en el mismo (*La madre no deja de cantar*) Bien, dele ahora en el derecho. (*La madre para*) Gracias enfermera.

Eli.- ¿Qué me aconseja, doctora?

Doctora.- (*A la madre*) ¿Qué edad tiene?

Madre.- 92

Doctora.- ¿Come bien?

Madre.- Sí, muy bien.

Doctora.- ¿Duerme bien?

Madre.- Regulín.

Doctora.- Habla poco, ¿no?

Madre.- Poco.

Doctora.- (*A Eli*) Puede que le duela la garganta.

Eli.- No creo.

Doctora.- (*A la madre*) A ver, mujer, dígame algo.

Madre.- Algo.

Doctora.- Bueno, nos conformaremos. En fin, se trata de un caso excepcional. Deme un segundo. Voy a consultar con el especialista de garganta que está aquí al lado. Ahora vengo. (*Sale*)

Enfermera.- Perdone, no me he enterado bien, supuestamente dándole en el hombro izquierdo canta y se para al darle en el derecho.

Eli.- Así es.

Enfermera.- ¿Puedo probar otra vez?

Eli.- Sí claro.

La enfermera prueba. La enciende y la apaga.

Enfermera.- ¡Sorprendente! Le propongo una cosa. Rentabilice a su madre.

Eli.- ¿Cómo...?

Enfermera.- Esta tarde a las siete celebramos el cumpleaños de mi hermana. Por favor, traiga a su madre, nos echaremos unas risas encendiéndola y apagándola.

Eli.- ¡Oiga, que es mi madre!

Enfermera.- (*Sacando un billete*) Cincuenta euros por adelantado. Media hora, sólo media horita. (*A la madre*) Diga media horita.

Madre.- Media horita.

Enfermera.- ¿Lo ve?, su madre está de acuerdo.

Eli.- Cincuenta euros, media hora.

Enfermera.- Diga que sí. (*A la madre*) Dígale usted que está de acuerdo.

Madre.- Está de acuerdo.

Eli.- Está bien.

Enfermera.- Perfecto. Tenga. (*Anota un papel*) Aquí están las señas.

Entra la doctora.

Doctora.- Bueno, varias cosas. Como no se percibe ningún trastorno neurológico serio, creo que podemos rentabilizar la enfermedad de su madre.

Eli.- ¿Usted también tiene una fiesta de cumpleaños?

Doctora.- ¿Qué dice?

Eli.- No, nada, tonterías.

Doctora.- Me refiero a ese pequeño trastorno del sueño. Usted déjela cantar una hora cada tarde y luego la apaga. Cantar será para ella como un ejercicio físico que mejorará sin duda la calidad del sueño. Por lo demás mi colega me ha recomendado estas pastillas, *Angichoína*, están hechas a base de anchoa. No son muy agradables pero dan muy buen resultado, además se toman como un caramelito. Dele siempre una diez minutos antes de empezar a cantar y así evitaremos posibles faringitis.

Eli.- ¿Nada más?

Doctora.- Sí, vuelva dentro de quince días, quiero hacer un seguimiento de su caso... por ver si se mantiene o desaparece.

Eli.- Gracias, doctora.

Doctora.- Acompáñelas a la puerta.

Enfermera.- Sí doctora. (*Saliendo*) A las siete, no lo olvide.

Eli.- Sí, sí. Nunca me habría imaginado que mi madre, con su edad, podría rentabilizarse tanto. ¡Vamos, madre! (*Le toca el hombro izquierdo y las dos empiezan a cantar*) La vida es una tómbola, ton, ton, tómbola

Oscuro.

ÍNDICE

Esta edición de *Trijodias, chungodramas y comidiotas*,
de Euloxio Fernández
se terminó de editar en Madrid,
en el mes de octubre de 2025